BUBBLE OR REVOLUTION

The Present and Future of Blockchain and Cryptocurrencies

数字货币

货币革命进行时

[美] 尼尔·梅塔（Neel Mehta）
阿迪蒂亚·阿加什（Aditya Agashe） 著
帕斯·底特律（Parth Detroja）

AI人工智能翻译组 译

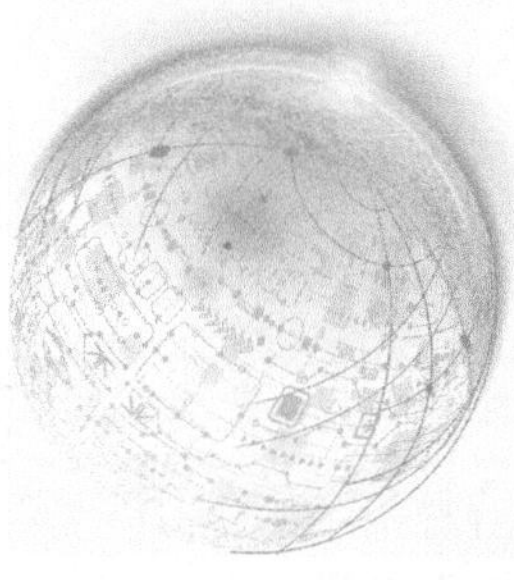

電子工業出版社
Publishing House of Electronics Industry
北京·BEIJING

Bubble or Revolution: The Present and Future of Blockchain and Cryptocurrencies by Neel Mehta, Aditya Agashe and Parth Detroja
ISBN-13: 978-0-578-52815-1

版权贸易合同登记号　图字：01-2020-3252

图书在版编目（CIP）数据

数字货币：货币革命进行时／（美）尼尔·梅塔（Neel Mehta），（美）阿迪蒂亚·阿加什（Aditya Agashe），（美）帕斯·底特律（Parth Detroja）著；AI人工智能翻译组译. —北京：电子工业出版社，2020.9

书名原文：Bubble or Revolution: The Present and Future of Blockchain and Cryptocurrencies

ISBN 978-7-121-39374-7

Ⅰ. ①数… Ⅱ. ①尼… ②阿… ③帕… ④A… Ⅲ. ①数字货币－研究 Ⅳ. ①F713.361.3

中国版本图书馆CIP数据核字（2020）第157754号

责任编辑：卢小雷
印　　刷：北京天宇星印刷厂
装　　订：北京天宇星印刷厂
出版发行：电子工业出版社
　　　　　北京市海淀区万寿路173信箱　　邮编100036
开　　本：880×1230　1/32　印张：8.25　字数：200千字
版　　次：2020年9月第1版
印　　次：2024年7月第5次印刷
定　　价：72.00元

凡所购买电子工业出版社图书有缺损问题，请向购买书店调换。若书店售缺，请与本社发行部联系，联系及邮购电话：（010）88254888，88258888。

质量投诉请发邮件至zlts@phei.com.cn，盗版侵权举报请发邮件至dbqq@phei.com.cn。

本书咨询联系方式：（010）88254199，sjb@phei.com.cn。

前言

> 比特币看起来很像一种能使人快速致富的投资计划，但实质上，它是一种将人类从寡头和暴君手中解放出来的工具。
>
> ——纳瓦尔·拉维坎特，AngelList公司创始人
>
> 比特币的毒性可能是老鼠药的毒性的平方。
>
> ——沃伦·巴菲特，伯克希尔·哈撒韦公司CEO

在2017年，联合国遇到了一个问题。因为叙利亚正在发生血腥的内战，1万多名叙利亚难民逃到了邻国约旦设立的难民营。为了便于难民购买一些生活必需品，联合国世界粮食计划署在难民营中建立了超市，当然，他们需要给难民购买商品的钱。

问题是，仅仅给难民已预付的信用卡是行不通的。世界粮食计划署过去为预付卡的交易费用和与当地银行建立合作关系花费了数百万美元，而这些钱本可以用于购买更多的食物。给难民发放身份证以使他们有相应的资格来获得物资的方法也不奏效。世界粮食计划署曾尝试过这种方法，当时，当地的部落首领把所有的难民身份证都抢走了，并且将其当作货币来交易。

为了解决这些问题，世界粮食计划署求助于一种名为区块链的新兴技术。每个难民都有一个数字“账户”，这些“账户”都会被存入一些钱。当难民去超市购物时，超市会使用虹膜扫描仪验证难民的身份，然后难民就可以用其“账户”中的钱来买食品和物资了。进行以上所有操作都不用打开“钱包”，超市进行结算也很便利，它们只要把收到的

“钱”发给联合国就能完成结算。

这个被称为“Building Blocks”的项目取得了巨大的成功。它节省了98%的转账费用，减少了欺诈行为的发生概率，并且从根本上简化了世界粮食计划署的援助流程和难民的支付流程。联合国迅速推动这个项目，成功地为10万名难民提供了服务，并且计划通过此项目为约旦境内的所有难民提供服务。

联合国实现的效益不仅仅体现在援助层面。联合国宣布，在不远的将来，如果难民的护照或受教育记录被毁，联合国也能够利用区块链跟踪难民的身份和生活史，从而帮助难民在新的国家找到工作和获得贷款。

世界各地的人们都对区块链及其姊妹技术加密数字货币（如比特币）感到无比兴奋。《哈佛商业评论》好奇区块链是否会颠覆古板的银行业。著名的风险投资家马克·安德森认为，区块链是“互联网史上最重要的发明”。全世界的分析家都相信，加密数字货币将给我们所熟知的货币和技术带来革命性的变化。

不过，这些神秘的新技术也受到了一些差评。例如，毒枭利用比特币在网上匿名兜售毒品；很多人指责加密数字货币加剧了全球变暖；黑客要求用比特币进行交易，导致执法部门无法追踪他们。甚至对这些技术的正面宣传似乎也有些过头了，长岛冰茶公司仅在其名称中加入了“区块链”一词，就使其股价几乎翻了两番。

那么，在众多有关区块链的说法中，哪些是真的？区块链和加密数字货币是被吹得天花乱坠的泡沫，是没有合法用途的技术吗？或者，这些革命性的发明是否会按照它们的设计重塑政府、企业、经济和社会？换句话说，它们是泡沫还是革命？

写作本书的目标

正如前面的故事所显示的那样，区块链和加密数字货币（它们被统称为加密技术）是我们这个时代最重要但人们最不了解的新技术。大多数关于加密技术的公开讨论都是由技术狂热者主导的，他们认为加密技术会重塑银行和政府。而部分专家认为，加密技术只是一个骗局。事实上，很少有人仔细分析这些技术到底是如何运作的，以及它们真正的潜力在哪里。

在本书中，我们没有那些非黑即白的观点。通过真实世界的例子、通俗易懂的解释和无偏见的分析，我们希望告诉你加密技术是如何运作的，它在什么领域有价值，在什么地方没用。我们会告诉你，我们对加密技术是泡沫还是革命的看法，同时，我们也会提供一些必要的工具，你可以利用它们对加密技术得出自己的判断。

本书的主要内容

在本书中，你将了解区块链和加密数字货币的区块是如何构建的；通过案例研究来了解区块链和加密数字货币的长处和短处；深入研究区块链和加密数字货币给社会、政治、经济和技术带来的启示；从我们对数十位科技行业领袖的独家采访中，了解区块链和加密数字货币的未来。

以下列出本书所涉及的一部分内容：

- 关于比特币挖矿的经济学；
- 著名的加密数字货币的黑客事件和漏洞；
- Xbox如何在电子游戏领域应用区块链；
- 美国证券交易委员会对加密技术初创公司的监管；
- 货币代币化和货币的未来。

我们的第一本书

在撰写我们的第一本书《滑动解锁：解锁技术基因　揭秘数字世界》（以下简称《滑动解锁》）时，我们的目标是，让读者了解他们需要了解的关于科技界的一切，从谷歌的搜索算法到脸书公司的高级商业战略。

《滑动解锁》的每个部分都源自一个真实的案例研究，并且提出了一个你自己可能也好奇过的问题。例如，Spotify是如何向你推荐歌曲的，自动驾驶汽车是如何工作的，以及亚马逊公司为什么在Prime 会员计划入不敷出的情况下，仍然为Prime 会员提供免费送货服务。《滑动解锁》涵盖了广泛的技术，从安全到云计算再到机器学习。

但是，在《滑动解锁》出版后，区块链和加密数字货币以一种超乎寻常的方式进入了人们的视野。几乎所有人，如技术专家、企业家、商业领袖，甚至一些不关心技术的人，都需要在不同程度上了解这些技术，所以我们决定写一本关于区块链和加密数字货币的书。

本书将深入探讨科技世界的一个关键支柱。如果你想对科技领域、理解商业战略的框架，以及评估新技术的心理工具包有更广泛的了解，你可能更需要先读一下《滑动解锁》。

我们是谁

在我们开始之前，这里有更多关于我们的信息。

尼尔·梅塔是谷歌公司的产品经理。他曾在微软公司和美国人口普查局工作，并且在那里完成了联邦政府第一个全额资助的科技实习项目。

阿迪蒂亚·阿加什是微软公司的产品经理。此前，他是Belle Application公司的创始人兼CEO。

帕斯·底特律是脸书公司的产品经理。他曾在微软公司、亚马逊公司和IBM 公司的产品和营销部门工作。

谢谢你，祝你阅读快乐！

再次感谢你购买本书！我们希望本书能带给你更多的知识，激发你对科技的兴趣，甚至能够让你乐在其中。愿本书给你带去我们的祝福，尽情享受阅读的乐趣吧！

目录

第3章 比特币的失策

第4章 山寨币

第5章 公有区块链

第6章 商业上的区块链

第7章 加密数字货币的政策

第8章 接下来会怎样

第9章 未来的展望

附录A 数字系统

附录B 宏观经济学

附录C 中本聪是谁

术语表

第 1 章
比特币和区块链

比特币的首要影响是，它创造了一种绝对安全的数字财产转移方式。当一个互联网用户将独特的数字财产转移给另一个互联网用户后，即使所有人都知道进行了数字财产转移，但没有人能挑战此数字财产转移的合法性。对于比特币的这一突破性影响，再怎么赞扬都不为过。

——马克·安德森，安德森·霍洛维茨基金（Andreessen Horowitz）的联合创始人

可信的第三方是安全漏洞。我想让任何涉足区块链的人都记住这一点。这一点基本上是整个设计的关键。

——尼克·萨博，Bit Gold的创造者

2008年万圣节，一位自称中本聪的计算机科学家发表了《比特币白皮书》。比特币是一种加密数字货币，人们无须通过银行、信用卡或其他金融机构就可以进行兑换。没有人知道中本聪到底是谁，但收到他邮件的人都不能忽视这个名字。

通过一封电子邮件，中本聪向全世界介绍了区块链和加密数字货币。现在这两项技术已经家喻户晓了。但要了解这两项技术，我们就必须从了解这位神秘计算机科学家的发明开始。

纸币的弊端

纵观人类历史，主要存在两种持有货币的方式：拥有实物货币（现金、金币、牛、盐等），或者将钱存在像银行这样的可靠机构。

这两种货币持有方式都有各自的问题。

像现金、牛这样的实物货币所具有的弊端是显而易见的：它们很容易被偷，不能用于在线交易，也很难用于异地结算（与国外的卖家交易），经常被伪造，其存储和运输也比较麻烦。

由中间人调度的货币

为了解决上面这些问题，人类发明了由类似银行或地方长官等受信任的机构调度的货币。银行账户、银行贷款、信用卡、支票等都属于这一类。通过信任中央机构或中间人，你可以解决大部分实物货币存在的问题。

- 把钱存入银行一定比把钱放在家里安全。
- 可以进行快速的在线支付，此时付款就像让你存钱的银行和收款方存钱的银行更新你们的账户余额一样简单（你们的存款余额只是某个数据库里的数字）。

- 当一个受信任的权威机构能精确地追踪每个人有多少钱时，伪造货币就变得很困难了。（因为没有关于每个人有多少现金的中央记录，所以识别假币的唯一方法就是你自己能区分假币和真币。）
- 如果你相信中间人能保管你的钱，你就不需要随身携带它们了。

这种由中间人调度货币的方式非常了不起。人们仍在使用现金，而且一些商店只收现金，这是有原因的：由中间人调度的货币必须通过中间人，这导致这一类货币具有以下几个缺点。

第一个缺点是，当你的钱通过中间人流转时，你必须遵守他们的规则，这通常意味着你必须支付费用。当你用信用卡付款时，商家并不会收到全款，因为它们必须向信用卡组织支付费用。维萨信用卡、万事达信用卡、发现卡的费率一般为1.5%~2.5%，运通卡的费率为2.5%~3.5%。[1]

用贝宝进行国际汇款的费率为3%，如果你是商家，接受贝宝付款也将花费你3%的费用。通过西联汇款[2]、速汇金[3]、Xoom或其他汇

---

1 较高的费率是美国许多商店不接受运通卡的原因。

2 西联汇款（Western Union）是西联国际汇款公司的简称，是世界上领先的特快汇款公司，迄今已有150年的历史，拥有全球最大、最先进的电子汇兑金融网络，代理网点遍布全球近200个国家和地区。中国光大银行、中国邮政储蓄银行、中国建设银行、浦发银行等多家银行是西联汇款的中国合作伙伴。使用这种方式支付大概要花费15分钟的时间。

3 速汇金（MoneyGram）是一种个人间的环球快速汇款业务，可在十余分钟内完成由汇款人到收款人的汇款过程，具有快捷便利的特点。速汇金是与西联汇款相似的一家汇款机构。速汇金在国内的合作伙伴有中国银行、工商银行、交通银行、中信银行。

款业务进行跨国汇款的费率也是百分之几。

现在你明白为什么许多商店只收现金，或者针对信用卡消费设置最低消费额度了吧。

第二个缺点是，只有获得使用权限，才能使用由中间人调度的货币。这意味着世界上20亿没有银行账户的人不能进行任何涉及银行账户的交易，拥有不良信用或无信用的人不能使用信用卡。

第三个缺点是，在你把钱委托给中间人的同时也把你的个人数据委托给了它们。银行擅长保管你的钱，但是金融机构在保障数据安全方面表现不佳。2014年，黑客窃取了美国摩根大通银行1亿名客户的数据。2019年，美国Capital One 银行的1亿名客户的出生日期、地址等敏感信息被窃取。更不用说美国最严重的数据泄露事件之一了：美国征信巨头Equifax泄露了近1.5亿美国人的包括社会安全号码在内的个人数据。

简而言之，实物货币是不安全的、使用不便的，而且容易被伪造，无法用于在线交易。由中间人调度的货币解决了上面这些问题，但其本身也在使用费用、使用权限和数据安全漏洞等方面存在缺点。但是，我们必须在二者间做出选择。

无形性

但是，如果你仔细想想，你就会发现我们真正需要的货币是无形的。由中间人调度的货币通过引入中间人为货币的无形性提供了可能：如果你委托机构为自己管理和转移资金，你就不需要持有实物货币了。但是，中间人也有自己的缺点。有没有办法在保留无形性的同时去掉中间人呢？换句话说，你能拥有一种既无形亦无中间人的货币吗？

你也许看出我们的意思了。事实证明，比中本聪发明比特币早几个世纪，人们就发明了一种无形的、不需要中间人的货币形式。为了见到这项发明的使用者，我们必须了解一下位于太平洋中部的密克罗尼西亚联邦的雅浦岛。

雅浦岛石币

雅浦岛上的流通货币是一种被称为“雅浦岛石币”的巨型石环。这种石头币很大：有些直径达3米，与卡车的重量差不多。雅浦岛上的每个部落里都散落着许多块石币。

你能想象到，部落居民无法拖着这些巨大的石币来进行交易。他们会一起记住每块石币由谁拥有，并且在心里记下关于每块石币的交易记录。例如，如果酋长的女儿从木匠那里买了一艘船，她会告知部落居民，她拥有的那块石币（如海滩上的那块）现在归木匠了。部落居民再相互告知：酋长女儿在海滩上的那块石币现在归木匠所有。

雅浦岛上的一种传统的货币形式——雅浦岛石币。
来源：维基媒体

如果木匠之后想把那块石币给别人，部落居民会同意，因为每个人的心理记录都表示，那块石币现在属于他。简单来说，如果大多数村民认同某人拥有一块石币，那么他就可以花掉它。

无形的

雅浦岛石币这种货币系统最令人印象深刻的部分是，所有的经济活动都可以在石币完全不移动的情况下发生。你可以拥有一块石币，即使它距离你的房子非常远。事实上，即使你的石币曾经存在过却再也找不到了，你也可以用它们。在几百年前，一艘载着一块雅浦岛石币的船在海岸外沉没了。当地的部落居民推断那块石币一定还在海底的某个地方，所以他们就用那块石币进行交易，好像什么事也没发生过一样。

换句话说，在雅浦岛石币这种货币系统中，石币的物理位置及其移动根本不重要。这与传统的实物货币系统形成了鲜明的对比。在传统的实物货币系统中，货币的物理位置及其移动非常重要：你唯一拥有的钱就是放你家里或随身携带的钱，而你唯一的付款方式就是把实物货币交给别人。

这意味着，雅浦岛石币是无形的，它很像我们存在银行里的钱。我们知道它是无形的：钞票放在哪里并不重要，甚至它们有时根本就不“存在”，即当你给别人转账的时候，没有有形的钱币被移动。

无中间人的

更重要的是，雅浦岛石币这种货币系统是民主的。如果大多数人认同你拥有某块石币，那你就的确拥有它。不像由中间人调度的货币系统那样——将你的钱委托给某个人或机构，雅浦岛石币被委托给了整个部落的居民。

相比由中间人调度的货币系统，这种由部落居民来确定谁拥有石币的民主的、共识的货币系统有很多优势。想象一下，在另一个不同的社会里，关于交易和石币拥有权的正式记录由酋长保管，而非由部落居民通过共识集体保管。（这个社会中的雅浦岛石币系统很像由中间人调度的货币系统，酋长的角色类似于银行。）那么，酋长可以很轻易地迫使每个部落居民在进行一笔交易时付给他一些费用，通过抹去交易记录来窃取石币，弄丢记录（从而使当地的经济陷入停滞），等等。

因此，雅浦岛石币这种货币系统既是无形的，也没有中间人。当地部落居民在不依赖中间人的时候享受到了由中间人调度的货币系统的便利性：不需要拖着巨大的石币到处跑。雅浦岛石币是我们前一节讨论过的“两全其美”的货币系统的一个例子。

从雅浦岛石币这种货币系统汲取的经验是，无形的货币体系要求信任。只有当你相信某物或某个人会准确记录你的钱时，你才会放弃对你的钱的实际控制。雅浦岛石币的创新之处在于，你意识到你可以信任系统，而不是中间人。在雅浦岛上，值得信赖的系统就是雅浦岛部落居民共享的交易心理记录。通过信任一个由一群遵循共享规则的人构建的共享的、共识驱动的系统，而不是一个人或一个实体，你可以得到不需要中间人的无形的货币。

比特币的区块链

我们不知道中本聪在开发比特币时是否研究过雅浦岛石币，但比特币和雅浦岛石币非常相似。

比特币是一种加密数字货币，所以它是无形的，而且它在理论上是不涉及中间人的，因为它不依赖记录人们资金余额的银行等金融机构。相反，比特币依赖的是存储了一份共享的日志或账本的由位于世界各地的计算机组成的网络，这份共享的账本记录了每笔交易的情况。这种所谓的“共享公共账本”被称为区块链，它基本上是雅浦岛部落居民对交易情况的共享记忆的高科技版本。

简而言之，比特币是对互联网友好的现代版雅浦岛石币。与雅浦岛石币一样，比特币是无形的，理论上不涉及中间人，这使得它成为我们传统货币体系的一个令人信服的替代选择。而传统货币体系要求你在实物和中间人中做出选择。

共享的谷歌工作表

另一种更专业的方式是将区块链看作一个巨大的电子表单。这个电子表单由世界上的所有人共享，每笔交易占一行。

	A	B	C	D
1	交易ID	始	终	数额
2	1	起点	A	50
3	2	起点	B	50
4	3	A	C	20
5	4	B	D	25
6	5	D	C	15
7	6	B	A	5

这是对比特币区块链的简单解读，它是一个由全世界所有人共享的表单。

（当然，你肯定想让这个表单的模式为“只添加”：你不会愿意流氓用户改变过去的交易记录。）

试着设想一下，每个比特币用户的计算机上都有一份这样的电子表单。每当有人进行新的交易时，这笔交易将被广播给每个比特币用户，每个比特币用户的计算机都将下载新版本的电子表单。

挖矿

制作这样一个记录每笔交易记录的电子表单的明显缺陷是，有些人可能试图通过此渠道花他们不拥有的钱。显然，需要有人在交易被提交前对其进行验证，以筛选并剔除这些有问题的交易。

在由中间人调度的货币系统中，银行或金融机构会做验证工作。如果你的账户里没有足够数额的钱，银行不会让你把钱转给朋友。但是在比特币这种货币系统里，你不能让某个值得信任的人做验证工作，这违背了没有中间人的初衷。

相反，比特币将这种验证工作外包给社区成员。所有比特币用户都可以使用他们的计算机来验证挂起的交易，并且只将有效的交易添加到区块链上。为了提高效率，交易被分成区块，每个区块有几千笔交易。

激励

验证交易的计算工作当然是有报酬的，比特币系统必须投入一些钱来激励验证者。如果你验证完一个区块的交易，你就会从这个区块的每笔交易中赚取一些费用，比特币系统也会向你支付固定数量的比特币，即所谓的区块奖励。区块奖励中的比特币在验证之前并不存在，而是由比特币系统凭空创造出来的。

因为比特币自认为是“数字”黄金，验证者投入工作来挖取全新的货币，这个验证过程被称为“挖矿”，而验证者被称为“矿工”。（你在用计算机挖矿，而不是用镐和铲子，但它们的商业模式大致相同。）

所以，如果回到我们之前提到的电子表单并想让它看起来更像一个真正的区块链，我们要向下图这样为表单添加区块ID、挖矿费用和区块奖励等列。

	A	B	C	D	E	F	G	H
1	区块ID	交易ID	始	终	数额	矿工	挖矿费用	区块奖励
2	B1	T1	A	B	10	C	1	25
3		T2	A	D	15		1	
4		T3	A	E	5		1	
5	B2	T4	B	C	2	E	1	25
6		T5	D	E	5		1	
7		T6	C	A	10		1	

一个更先进的比特币区块链模型，包含了矿工、挖矿费用和区块奖励。

因此，比特币用户C开采了包含三笔交易的区块B1，获得了28个比特币：25个比特币来自区块奖励，其余3个比特币来自每笔交易各1个比特币的挖矿费用。

突击测试：假设5个比特币用户（A、B、C、D和E）一开始各有100个比特币，那么他们在完成上表中的交易后各拥有多少比特币呢？

答案：

- A向B发送10个比特币，支付1个比特币的挖矿费用，向D发送15个比特币，支付1个比特币的挖矿费用，向E发送5个比特币，支付1个比特币的挖矿费用，收到10个比特币。这意味着A最后拥有77（100−10−1−15−1−5−1+10）个比特币。

- B收到A发送的10个比特币，并向C发送2个比特币（外加支付1个比特币的挖矿费用）。所以B现在有107（100+10−2−1）个比特币。
- C从B1区块获得28（25+1+1+1）个比特币，所以他有119（100+28+2−10−1）个比特币。
- D现在有109（100+15−5−1）个比特币。
- E从B2区块获得28个比特币，所以他有138（100+5+28+5）个比特币。

区块和链

我们给出的电子表单模型就是一个区块链的模型。它是简化版的。真正的比特币区块链不会以类似电子表单的格式存储区块。

相反，比特币的区块链以线性“链”的方式存储区块，每个区块在数学上都指向前一个区块。

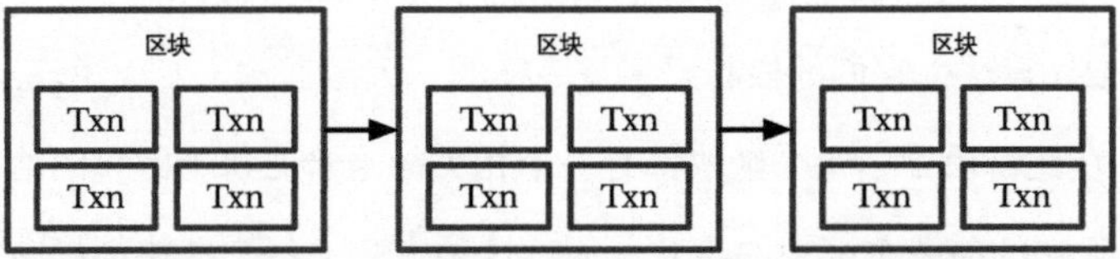

区块链以线性“链”的方式存储区块。“Txn”是比特币交易的缩写。每个区块都指向前一个区块，但计算机科学家通常会画出这样的链条，箭头从一个方块指向下一个方块，这样更直观。

通过这种方式，即使没有对区块进行明确的编号，区块的顺序也是清晰的。设想一下，你拿起一本平装本小说，把所有的书页都撕下来，把所有的页码和章节号也都撕掉。然后，你把书页撒得满地都是。

不过，您仍然可以将书页按顺序整理成册，因为每页的内容都隐含了前一页中发生的事情。（例如，如果第X页的结尾讲述的是一个角色开车去法院，而第Y页的开头讲述的是这个角色走进法院，那么可以肯定第Y页紧跟在第X页之后。）

哈希

当然，比特币没有“情节”的概念，因此区块之间用数字相互联系。具体来说，比特币使用一种叫作哈希的数学技术。例如，把单词、数字、比特币区块等一堆信息输入一个哈希算法中，这个算法会输出一个简短的信息“指纹”。

其实，人类一直在使用哈希，比如首字母组合。一个很长的英文名字很容易被压缩成几个字母。例如，将“John Fitzgerald Kennedy”这个长长的名字变成“JFK”这个简短的名字。

其中有一个输入（全名）、哈希函数（获取某人姓名首字母的过程）和一个输出或哈希值（首字母）。

计算机使用更多样化的哈希函数，其中最流行的是MD5算法和SHA-256算法，它们的核心思想是一样的：大数据输入变成短输出。

在比特币中，每个区块都有一个相关的哈希。每个区块的哈希部分基于它的前一个区块的哈希。通过这种方式，每个区块都指向它的前一个区块。所以，如果你有一个无序的区块列表和与它们相关的哈希表，你可以很容易地对区块进行排序，这就像一个人可以通过查看情节来排列书页一样。

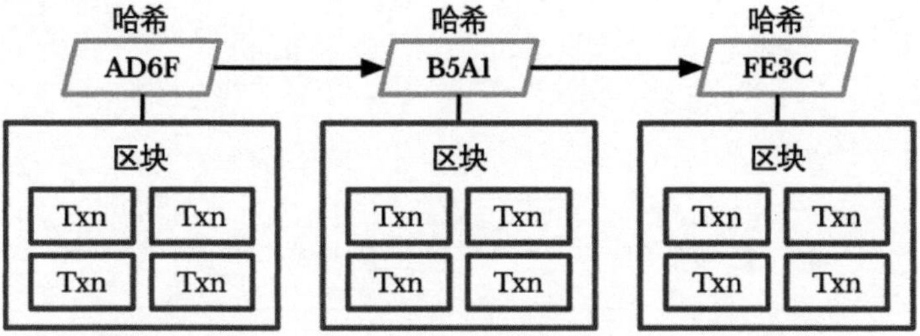

区块由它们的哈希连接在一起。每个哈希都是根据前一个区块的哈希计算得到的。

哈希表中的数字和字母是怎么回事？哈希是用十六进制[1]编写的。其实际字符长度也比4个字符长得多，但我们的缩短版作为举例已经足够用了。

因此，比特币以区块的形式批量处理交易，并且以链的方式将它们彼此连接起来。区块遇见链。

分支和欺诈

让我们回顾一下们基于哈希的区块链系统，你会注意到它实际上并不需要将区块放入线性的链中。没有什么能阻止在一个给定的区块之后紧接着出现两个或更多的区块。

1 有关十六进制和其他数字系统的知识，见附录A。

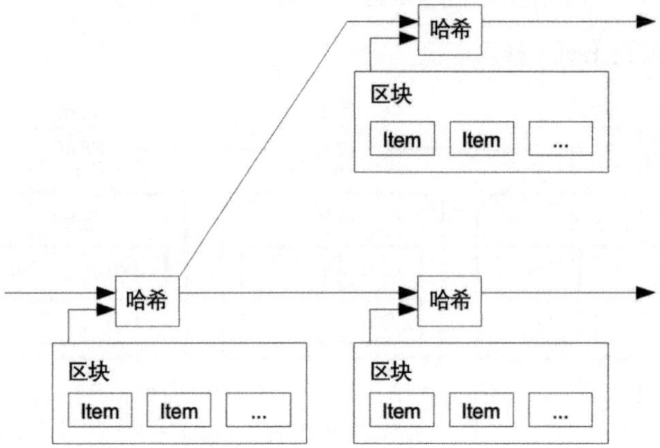

多个区块可以将任何给定的区块作为它们的前一个区块，因此区块链确实可以分支。图片改编自：中本聪

区块树

因此，区块链不一定是线性链。事实上，区块链通常不是线性链。区块链看起来更像“区块树”，有“树干”和“树枝”，如下图。

当两个矿工同时挖出一个区块时，区块树有时会产生一个新的分支。这种情况很少见，但确实会发生。当这种情况发生时，两笔交易会从最近的交易中分离出来，一个新的区块分支就诞生了。

但是，与雅浦岛石币系统一样，比特币需要一个单一的、线性的交易历史。这不允许多个分支共存。（设想一下，你能告诉某人，“在一个历史记录中，我有500美元，但在另一个记录中，我有600美元”吗？）

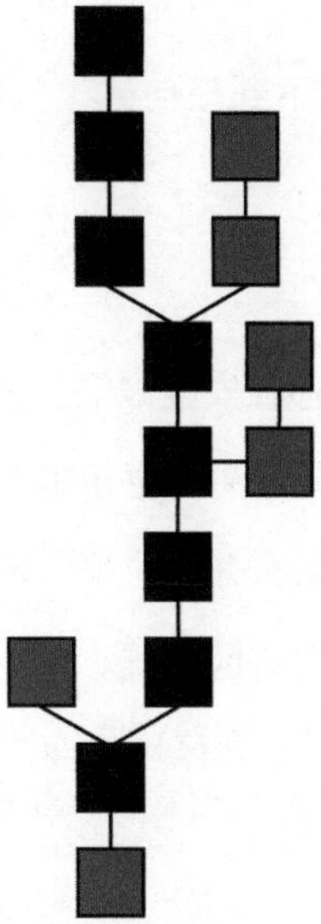

区块链可以有很多分支，就像一棵树一样（设想一下，底部的区块在地面上，此图看起来很像一棵树）。最长的分支被认为是“正式的”。来源：维基媒体。

最长链原则

为了保证线性的正式历史，比特币使用了名为“最长链原则”的经验法则。这条法则指出，拥有最多区块的“区块树”的分支就是正式的区块链。最长链决定了你有多少钱、过去发生过什么交易等。如果某件事不在最长链上，它就不会发生。

在比特币用户的计算机上运行的比特币软件，只向在最长链上添加一个区块的矿工支付报酬，从而贯彻最长链原则。这通常足以使矿工们保持秩序。（不过，它有一个副作用。如果两个矿工同时开采出一个区块，就会产生两个分支，但只有一个分支会胜出，成为最长链。另一个分支成为“孤儿”并被抛弃，而在挖掘出该分支底部区块的不幸矿工将得不到任何钱。这种“孤儿”事件一天会发生好几次。）

挖矿劫持

但是最长链原则仍然存在安全漏洞。如果一个不正当的矿工创造了一个新分支，并且能比其他矿工更快地挖掘区块，从而使他的分支比合法的分支更长，那该怎么办呢？嗯，不正当的矿工的分支将成为最长链，所以它将成为正式的区块链。他的欺诈链上的所有区块将成为正式历史，而合法链上的一些区块将被扔掉。

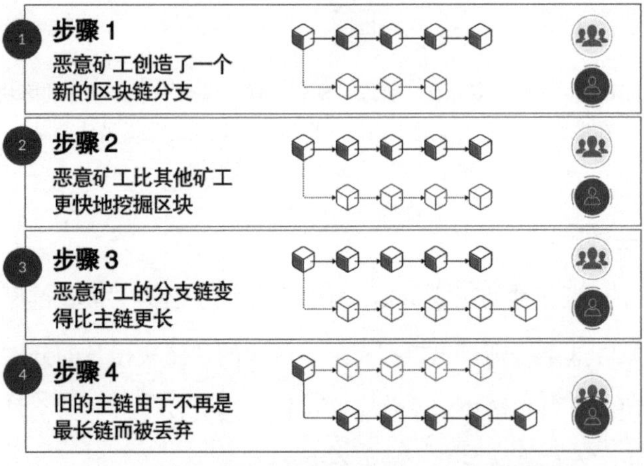

攻击者如何通过比其他人更快地挖掘区块来劫持区块链。

当然，让骗子控制区块链会造成很多混乱，这也可能导致欺诈。设想一下，不正当的矿工用比特币购买了数千美元的商品，并把交易放在区块链上。然后，他执行攻击，建立一个比正式区块链更长的新链。他支付给商家的交易数据将被丢弃，因为这些交易数据所在的区块不在最长链上。这就好像他一开始就没有付款一样。所以，他最终得到了所有的商品，但从来没有为它付钱！

随机值游戏

如何阻止这样的攻击？让攻击者很难比诚实的矿工更快地挖出区块是个办法。为此，中本聪的设计是，挖出一个区块需要花费非常多的时间。

中本聪的设计从交易着手。还没有被纳入区块链的交易被搁置在交易池等待审核和确认。交易池也被称为内存池。如果你想要挖掘一个区块，你就要从中选择几千条交易，验证它们，然后才能挖掘出你的区块。

在完成上述操作后，你所要做的就是为你的区块生成一个哈希，之后就可以把这个区块放在区块链上，并且得到你的奖励。

但是生成哈希并不是一件容易做到的事。哈希函数需要三个输入：前一个区块的哈希、交易和一个你选择的被称为随机值（nonce[1]）的特殊数字。

问题是，输入不同的随机值将输出不同的哈希值，而只有当哈希以正确数量的“0”开头时，你才被允许将区块添加到区块链中。所以，如果你选择的随机值不能产生正确的哈希，你就必须一次又一次地尝试。

---

1 “nonce”这个词来源于“number used only once”（只用一次的数值），因为你试了一次，如果不行就得把它扔掉。

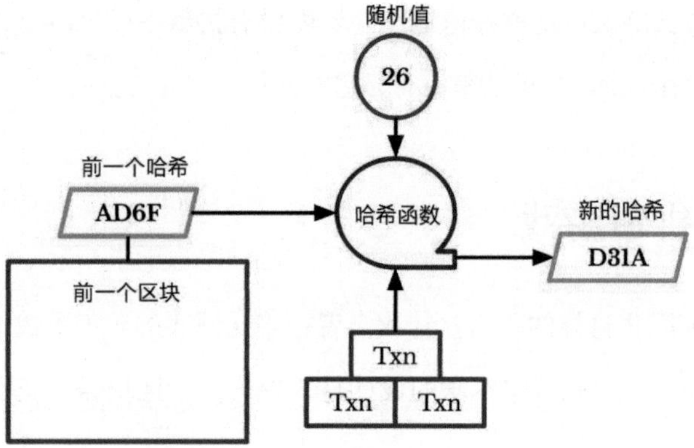

哈希函数使用3个输入来生成一个区块的哈希。

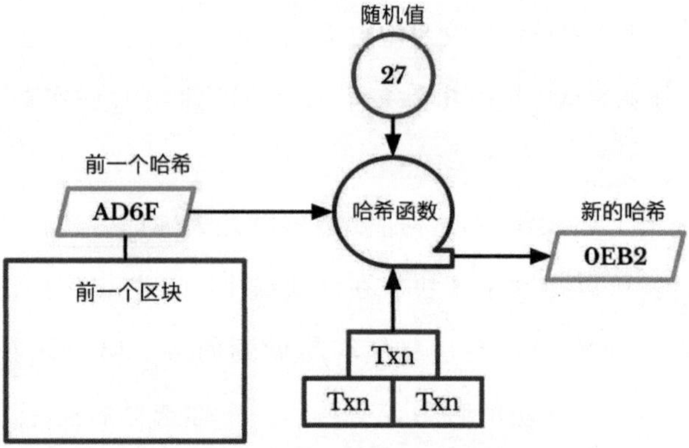

改变随机值会输出一个完全不同哈希。

猜测和检验

困难的是，哈希中没有明显的模式。无法根据哈希函数的输入预测哈希，即使对输入进行很小的更改，也会使输出完全不同。如果你用流行的MD5哈希函数处理单词“cat”，你会得到这个不可思议的输出：

d077f244def8a70e5ea758bd8352fcd8

而输入“bat”的MD5哈希大相径庭：

5f3f4681121b460e3304a1887f42f1c3

更重要的是，计算机运行的哈希函数往往是所谓的单向函数，即在给定输入的情况下很容易计算得到输出，但在给定输出的情况下，猜测输入几乎是不可能的。

人名的首字母缩写也是这样的。如果看到一个名字的首字母缩写为“GMD”，你无法马上猜出这个人的全名是什么。[1]

这意味着“破解”哈希函数的唯一方法是猜测所有的输出。所谓“破解”哈希函数就是根据输出计算出输入。强行破解计算机的哈希函数是非常困难的。破解比特币的SHA-256哈希函数将花费数百万年的时间，成本极有可能达到数百万美元甚至数十亿美元。[2]

换句话说，你不能试图逆向找到正确的随机值。所以挖掘一个区块的唯一方法就是一遍又一遍地猜，直到你猜中，这就像玩数字彩票一样。我们称之为随机值游戏。

动手试一试

模拟这个游戏很有意义。请访问网站md5online.org，它允许你通过MD5哈希函数运行文本。你的挑战是选择一个随机值，当它放在“hello”之后时，产生一个以“0”开头的哈希。

---

1 你是否也很好奇呢？我们猜测这是默默无闻的美国第11任副总统乔治·米夫林·达拉斯（George Mifflin Dallas）的名字缩写。

2 具体的难度取决于输入文本的复杂程度。如果你的密码是“hello”，然后使用SHA-256算法进行哈希处理，你的密码很容易被破解。因为互联网上可能有人发布了“hello”经过SHA-256算法处理的哈希值。在谷歌上对哈希进行简单的搜索就会显示输入。

你可以从将随机值设为“1”开始，此时你的输入是“hello1”，文本“hello1”的MD5哈希是：

203ad5ffa1d7c650ad681fdff3965cd2

不行。你可以将“2”作为随机值，而文本“hello2”的MD5哈希是：

6e809cbda0732ac4845916a59016f954

这也不行。

如果你持续将随机值增加1，你最终会发现，第一个以“0”开头的哈希的随机值是“33”。文本“hello33”的MD5哈希是：

005529451481309d2b8f708bbb81ca41

成功！

这并不难，从数学上来说，这应该不难。MD5哈希函数是用十六进制编写的，这意味着每个数位上的值都是16个可能字符（0~9和a~f）中的一个。这意味着平均每进行16次尝试，你将获得一次成功。从“1”开始尝试是不糟糕的，因为我们试了33次才得到一个成功的哈希。

随机值	输入	MD5哈希
29	hello29	fc12c051dd3eb4d7beb430f362522fda
30	hello30	868594340dd4f911fcbdbebf80dbdcaa
31	hello31	5cebee1d96882e6325b758a1fbd80b02
32	hello32	ce62f2f1d58fe37381a2ac08fc544467
33	hello33	005529451481309d2b8f708bbb81ea41
34	hello34	45c66648b3d94b4e46a6ba796fbee7af

续表

随机值	输入	MD5哈希
35	hello35	44ee8f3e8ef0f8e7085193d123b20a9e
36	hello36	092962df00b7139faca15313ff345c4e
37	hello37	c1b4349f3222aec9916dd1fbe65c02fe
38	hello38	ebcd88fab0212bad35bde21c11185754
39	hello39	2206e08b5186fc0c5d4239259f09037f
40	hello40	5886c943b32a6dd596b19b5897c0306d
41	hello41	20ce5b4e49c7847661a9bf6edfd35760

输出的哈希实际上是随机的，所以必须不断猜测随机值，直到得到一个幸运的哈希。第一次输出成功的哈希的随机值是“33”。

现在设想一下，如果你必须选择一个随机值，让它产生一个至少有4个零开头的哈希。那么，每16^4个，即65 536个随机值中只有一个随机值能产生一个成功的散列。如果你好奇的话，我们可以告诉你，产生有4个零开头的哈希的最小的随机值是105 484，文本“hello105484”的MD5哈希是：

0000049898 d233686087e44bc2a1c97a

这个哈希的开头有5个零。别担心，我们是用代码来猜测到这个随机值的。

试图通过猜测正确的随机值来挖掘比特币就更难了。在撰写本书时，你每尝试一个随机值，只有大约66 000 000 000 000 000 000 000（660万亿亿）分之一的概率挖掘一个区块。660万亿亿与宇宙中星星的数目相去不远。

“武装”自己

对于猜出一个合适的随机值并挖掘一个区块的困难程度，再怎么夸张地形容也不过分。如果你试着用一台MacBook运行挖掘算法，你可能要花200万年才能猜出一个成功的随机值。

出于一些显而易见的原因，专业的矿工不会使用笔记本电脑来挖矿。他们购买的是功能强大的计算机，这种计算机配备有专用的计算机芯片（ASIC[1]），这种芯片针对比特币的哈希算法进行了高度优化。用来挖矿的ASIC能以惊人的速度猜测随机值，但它们不能做其他事情。[2]

一个专门运行比特币哈希算法的ASIC。来源：维基媒体

这种配有ASIC芯片功能强大的计算机都非常强大，但成本高昂。一台售价2 000美元的中型的、配备ASIC芯片的挖矿计算机每秒可以输出大约56万亿个哈希，这意味着它每秒可以尝试输入56万亿个随机值。但是由于很难猜测出正确的随机值，所以即使有这么强大的硬件，成功挖掘一个区块也需要大约38年的时间。

---

1 ASIC的全称为Application-Specific Integrated Circuit，指的是专门设计用来完成特定计算任务的集成电路。

2 还有其他类型的ASIC，如专门用于机器学习或图像处理的ASIC，但是在加密数字货币的相关文章中，这个术语总是指专门用于挖矿的芯片。

AntMiner S17 Pro是一台价值2000美元的计算机，每秒可以输出56万亿个哈希。来源：MiningCrate

换句话说，挖掘比特币就像用几十年的时间盲目地投掷一个有数万亿个面的骰子，希望你能幸运地掷到你想要的那一面。

工作证明

如果这个系统看起来很浪费金钱、时间、精力，那是因为它本身确实如此，而且它被设计成这样是为了让区块链不容易被劫持。

由于挖矿工作最困难的部分是猜出正确的随机值，而能否猜出正确的随机值取决于尝试的次数，因此拥有更强性能的计算机的人更有可能获得正确的随机值，从而挖出一个区块。你的计算机的性能越强大，你就能越快地挖出区块。

从另一个角度来看，你的挖矿速度与你控制的哈希能力的比例[1]成正比。

回想一下前面的恶意的矿工想开挖一条比合法区块链长得多的诈骗链的例子。要做到这一点，他的挖矿速度需要比其他所有诚实的矿工的速度总和还快，所以他需要控制世界上超过50%的哈希能力。这种攻击被称为51%攻击。51%攻击是可能实现的，但它的代价也是高昂的，这个恶意的矿工需要购买所有这些配备了ASIC的超级计算机。

1　即与所有比特币矿工的计算机的哈希能力的总和对比。

而且，除非这个恶意的矿工能够控制51%的哈希能力，否则他就没有机会篡改区块链。

简而言之，要挖掘比特币，你就必须投入大量的工作和资金。因为工作量庞大，比特币挖掘系统被称为工作证明。赢家是那些为挖矿付出最多努力的人。如果挖矿像运行几行代码一样简单，那么攻击者就可以很轻易地劫持区块链。而通过随机值游戏来加大挖矿难度是比特币阻止攻击者的一种方式。

凭证

凭证是比特币和区块链拼图上的最后一块碎片。如何确保没有人以你的名义发送错误的交易？在由中间人调度的货币系统中，你只有在登录你的账户后才能支付或汇款。你的用户名和密码等账户信息，是由信用卡组织或银行等受信任的金融机构保存的。

当然，比特币的意义在于去中间人。因此，用户名和密码（你需要委托受信任某些组织来保存它们）可以不起作用。实际上，根本不应该有一个“注册”的中心场所。那么该如何让比特币用户管理他们的比特币呢？

去中心化的账户

比特币依靠数学和概率学实现账户的去中心化。实现没有中间人的去中心化的注册的首要方法是，让用户自行选择用户名和密码。但是因为没有中央服务器，用户无法检查他们想要的用户名是否已经被其他用户注册了。这个问题的解决方案是，让用户从数万亿个随机的

“用户名”中选择一个。面对数量庞大的用户名，用户选到一个已经被选过的用户名的概率微乎其微。

下一个难题是如何在没有中央服务器的情况下提供检查密码的系统。比特币系统通过运行根据用户的“密码”计算用户的“用户名”的单向函数（就像前面提过的哈希函数）来解决这个问题。用户为了证明自己拥有一个“用户名”，他必须提供输入函数后能被转换为“用户名”的“密码”。（请记住，根据“用户名”猜出“密码”是不可能的。）

我们之所以把“用户名”和“密码”放在引号里，是因为比特币不使用这些术语。

比特币要用到私钥。私钥是一个只有你才应该知道的长且完全随机的字符串。它通常是52位的由字母和数字组成的字符串。这种编码方式被称为Base58[1]。私钥在比特币中扮演着密码的角色。

可以用私钥运行一个被称为椭圆曲线数字签名算法的单向函数来生成一个被称为公钥的中间数字（intermediary number）。

然后运行比特币挖矿中著名的SHA-256和RIPEMD-160这两个单向函数，并且进行更多的数学调整，以获得一个压缩版本的公钥。这个公钥被称为比特币地址。比特币地址是一串由字母和数字组成的26~35位字符串，也是由Base58这种编码方式生成的。比特币地址是比特币最接近用户名的东西：它是公开的，能用来识别你的身份。

你可以在generatepaperwallet.com这个网站上随机生成自己的比特币私钥和地址。（人们通常会忽略公钥，因为它是一个中间数字）。

1　有关Base58和其他数字系统的知识，见附录A。

使用该工具，我们可以得出一个私钥：

L3QwdtohEnUvkUDXH6KDyN1RLF2uLYNQ1qeyp8mmL6cNvZskorDW

和一个地址：

12zQuwSVdSo7YhU6sjLnYuni2K24jZR8AA

我们现在可以使用这些凭证来接收和发送比特币了。注意，私钥和地址是由算法生成的，因此你甚至可以在不连接互联网的情况下生成它们。你不需要为它们做登记。

交易签名

一旦有了私钥和地址，你就可以开始发送和接收比特币了。为了证明你是一笔交易的发送方，你可以使用自己的私钥在交易上创建一个“标记”，从而对交易进行数字“签名”。任何人都可以使用你的公钥（当然可以，因为它对所有人是可见的）来确认应用标记的人是你，但是没有人可以根据标记反向推出你的私钥。

这个系统的工作原理就像我们在支票、法律文件等上面使用的墨水签名一样。任何人都可以看到你的签名。你可以将一个新签名与一个已知真实的签名进行比较，以检查它们是否由同一人签署。而且，最重要的是，你不可能仅仅通过观察就伪造签名。

透明的保险箱

事实上，比特币比传统的用户名—密码方案更高级。因为所有的交易记录都在区块链上公开展示，所有人都可以查看任意地址的交易记录和比特币余额。我们喜欢把比特币“账户”比喻成透明的保险箱：任何人都能看到里面有多少钱，但只有拥有私钥的人才能使用这些钱。

我们生成了一个随机的私钥和地址。不要把钱发送到这个地址，因为任何有这个私钥的人都可以获得里面的钱。这张图片叫作纸钱包。你可以打印出你的私钥，这样就可以把它保存在一个安全的地方了。

这是一项非凡的创举。除了雅浦岛石币，其他任何形式的货币都无法提供这种透明度。它为分析师提供了一种了解比特币经济状况的有力方法，有助于追踪使用比特币的网络犯罪分子，并且能轻松证明你进行了交易。但显而易见的是，这意味着用户没有那么多的隐私了。

将“密码”嵌入货币

退一步说，你会注意到比特币背后隐藏着许多数学原理：用于挖矿的哈希函数、用于生成密钥和地址的单向函数，以及用于证明身份的数字签名。这些都属于密码学范畴。密码学是一门通过将信息编码或加密成攻击者无法逆向求解的格式来保证信息安全的科学。

因此，比特币被称为加密数字货币。中本聪的观点是，密码学让你拥有一种既安全又透明的货币。这就是比特币的核心。

第 2 章

比特币经济学

货币的发展经历了3个阶段：以商品为基础，以政治为基础，现在的以数学为基础。

——克里斯·迪克森，美国著名的互联网创业者和天使投资人

某种货币要想成功，就必须是一种交换媒介，同时有稳定的存储价值。比特币如何才能成为一种稳定的价值储存手段，目前还完全不清楚。

——保罗·克鲁格曼，诺贝尔经济学奖得主

自中本聪发布《比特币白皮书》以来，比特币的发展已经走过了一段漫长的道路。现在，每天都有价值数十亿美元的比特币被交易，目前流通的比特币市值超过1 000亿美元。但是，尽管这种不同寻常的新货币遵循着一些不同寻常的新规则，但透过我们熟悉的经济学视角，我们可以进一步了解它。

价值9千万美元的比萨

你肯定知道，一枚比特币现在价值数千美元，有无数青少年因为幸运或精明的比特币投资而成了百万富翁。引用一位新富青少年的话：“如果你在未来10年内不能成为百万富翁，投资比特币吧，否则就是你自己的错。”

如果你仔细想想，你会觉得很奇怪，为什么一个匿名的计算机科学家凭空创造的数字代币居然值这么多钱，一枚比特币的价值甚至高达数千美元。

如果你开发了一款向所有用户分发虚拟代币的App，人们可能不会排队等待交易代币，不会创建论坛来讨论代币价格的微小波动，也不会围绕你的代币建立大型公司。但是，中本聪发明的比特币做到了。

比特币并非在一夜之间就升值了数千元。一开始，比特币确实只是一些聪明的软件爱好者搞出来的“玩具”。但是慢慢地，人们开始相信它值得投资。这个故事就像许多伟大的故事一样，在最开始，它并不为人所瞩目，就像这个故事那样——开始于比萨。

拉兹洛的交易

2010年3月，第一家比特币交易所成立。你可以在这个网站上将比特币兑换成美元，也可以将美元兑换成比特币。在这家比特币交易所成立时，比特币对美元的汇率是，1枚比特币可以兑换0.3美分。

同年5月，美国佛罗里达州一名叫拉兹洛·汉尼什的男子在一个比特币论坛上发帖，只要有人给他送比萨，他就给那个人1万枚比特币（当时价值41美元，1枚比特币可以兑换0.4美分）。他的条件很灵活："你可以自己做比萨，或者在外卖店帮我订比萨。"但是他也很坚持："我不想吃鱼或诸如此类的奇怪的东西。"

拉兹洛·汉尼什在2010年用1万枚比特币买的比萨。
来源：拉兹洛·汉尼什

一位名叫杰里米·斯特迪凡特的英国年轻人"接了单"，他在棒约翰餐厅为拉兹洛·汉尼什订了两个大比萨。这是第一次有人用比特币购买真实世界的商品。

对于拉兹洛·汉尼什当时所支付的1万枚比特币，其现在的价值超过了9 000万美元。[1]

一枚比特币的价值已经从0.4美分飙升至9 000多美元，在十年内增长了200万倍，平均每年翻了两番多。任何股票、债券、房地产等传统资产的价值都无法达到这种增长速度。

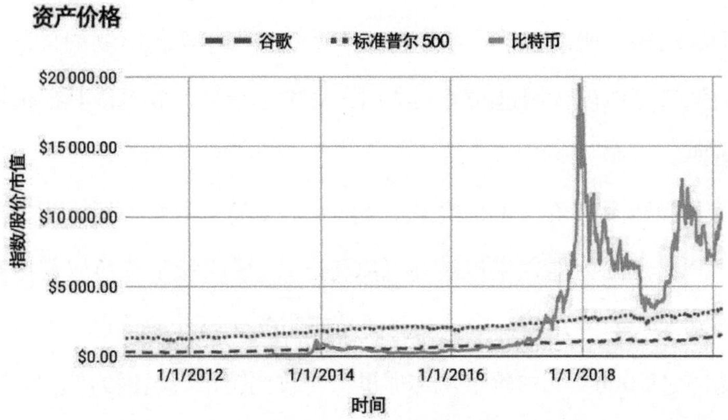

对比标准普尔500指数、谷歌的股价和比特币的币值在2011—2020年的价值变化。
比特币币值的波动性比标准普尔500指数和谷歌的股价大得多，
但是它的增长速度也要快得多。数据来源：谷歌财经和Blockchain.com

问题是，比特币是如何发展得这么快的？这个数字代币一开始只是个玩具，后来怎么会有货币价值呢？

主体间性

我们今天使用的大多数货币都存在与比特币相同的哲学问题。如果你被困在丛林或火星上，一张20美元的钞票只是一张没用的纸。但是如果你在商店里，你可以用那张钞票购买比萨、袜子或开罐器等商

---

1 在撰写本书时，我们经常提到比特币的价值。但由于比特币的汇率非常不稳定，因此建议你在阅读时查询最新汇率。

品。事实上，如果你给某些人那张纸，他们甚至会载着你在城里转、帮你修剪草坪，或者帮你照看你的狗。这是为什么呢？一张纸怎么会有这么大的实际价值呢？

归根结底，这就是历史学家尤瓦尔·赫拉利所说的主体间性：你之所以认为这件事有价值，是因为你知道别人也认为它有价值。农贸市场的农民之所以会很乐意你用20美元从他那里买他自制的果酱，是因为他知道他可以用这20美元从别人那里买杂货、农具或其他他需要的东西。

比特币具有价值也是因为主体间性。斯特迪凡特之所以为拉兹洛买比萨，是因为他知道他最终可以将这1万枚比特币兑换成其他有价值的东西，如美元、英镑、其他商品或服务。同样的道理，人们今天会用超过9 000美元的价格从你那里买一枚比特币，是因为他们知道其他人以后会用商品、服务或现金来交换他们持有的比特币。

贝壳串珠

主体间性是会发生变化的。如果人们不再相信某些物品具有主体间性，它们就会分崩离析。在欧洲人到达北美洲之前，贝壳串珠（wampum）是北美洲东部林地印第安人所使用的一种类似货币的物件。这些珠子经常被串成精致的珠宝和腰带，以方便运输。

在那个时候，一个拥有足够多的贝壳串珠的印第安酋长可以筹办一场盛大的宴会，或者出资建造一项大型的土建工程。（当然，完工的土建工程当中会有专门留给酋长的部分。）

贝壳串珠腰带。在美国独立战争之前，这些腰带被许多印第安人当作一种货币。
来源：维基媒体

这是为什么呢？因为部落居民会接受贝壳串珠作为他们的劳动报酬。而部落居民之所以接受贝壳串珠作为自己的劳动报酬，是因为他们知道其他部落也会接受贝壳串珠。甚至早期的欧洲殖民者也把贝壳串珠当作一种货币，因为他们知道印第安部落接受它。

贝壳串珠之所以具有价值，是因为它具有主体间性。但是，到了18世纪中期，随着欧洲货币的介入，贝壳串珠所具有的主体间性消失了。这可能始于一些大部落不再接受贝壳串珠作为货币，然后这些部落的相邻部落也会放弃使用贝壳串珠。

由于人们对贝壳串珠的接受程度取决于其他人对贝壳串珠的接受程度，这就导致了某种多米诺骨牌效应：对贝壳串珠货币系统的一次小冲击导致了贝壳串珠货币系统的大范围崩溃。最终，印第安部落要求用白银交易。而白银也由于主体间性才具有价值。

贝壳串珠的故事表明，事物的主体间性可能产生负反馈循环，即当少数人认为某事物不具有价值时，所有人都会认为它不具有价值。但另一方面，比特币的迅速崛起表明，事物的主体间性的反馈循环可以是正向的。随着包括拉兹洛和斯特迪凡特在内的一些人开始认为比特币有价值，会有越来越多的人认为它有价值。[1]今天，几乎全世界的人都认为比特币与法币等价。有些人太认同比特币了，甚至把自己的一部分退休金兑换成了比特币。[2]

由于人们相信比特币有价值，比特币正在蓬勃发展。最难的部分是，通过让第一个人认可比特币有价值然后启动正反馈循环。这就是拉兹洛购买比萨这件事对于比特币的发展至关重要的原因。这是第一次有人认为比特币是具有经济价值的工具，而不仅仅是新奇的东西。

比特币的供应

主体间性解释了为什么比特币有价值，但还有一个问题，为什么比特币实现了数百万倍的价值跃升？这是一个价值百万美元或千枚比特币的问题，就像许多经济学问题一样，它归根结底是供求关系。[3]

经济价值源自稀缺性，而稀缺性源自供应的有限性。因此，维持比特币价值的一种方式是限制比特币的供应量：比特币的流通数量被人为设定了上限，而且其供应量的增长速度每天都在减慢。

放缓的奖励

回顾一下矿工的区块奖励，这是他们获得报酬和新比特币的

1 这与社交网络的运作方式十分相似。随着更多人的加入社交网络，社交网络变得越来越有用，因此它的用户可以成倍增长。但由于相同的原因，社交网络也可能迅速崩溃。这些正反馈循环也被称为网络效应。

2 此处并非提供投资建议，但是不能否认的是，比特币已经成为一种合理的投资选择。

3 如果你想了解宏观经济学理论和方程，请参阅附录B。

方式之一。事实上，这是新比特币进入世界的唯一途径。比特币软件会通过设定哈希值的前导零的数量来自动调整挖矿的难度，平均每10分钟挖出一个区块，由此每10分钟就会产生一批新比特币。

但问题是，区块奖励总是在减少。比特币软件每4年将区块奖励减半。2008年，最初的区块奖励为每个区块奖励50枚比特币。2012年，区块奖励减半至25枚比特币。2016年又减了一半，降至12枚比特币。等到2020年5月，区块奖励的比特币数量下降至6.25枚。[1]

如果根据区块奖励每4年减半进行计算，你会发现，在2140年进行第33次减半后，[2]区块奖励将正式归零。届时，总共被挖出来的比特币共有2 100万枚，而比特币的供应量将永远不会再增加。

但是，由于区块奖励呈指数级缩水，到21世纪30年代中期，比特币的供应量将触及最低点，届时99%的比特币将被挖出来。在那之后，比特币的供应量将被削减为涓涓细流。从2100年到2140年的40年里，总共能挖到1枚比特币。我们快到那个比特币供应量的最低点了，截至2019年夏天，已经有85%的比特币被挖出来了。

这种不断放缓比特币的供应量的战略实际上很有道理。限制比特币的供应量以确保比特币的稀缺性，从而保证比特币的价值。比特币供应量的平稳减少有助于防止突然的冲击。在早期，保持区块奖励及更高的比特币供应量能刺激矿工提前入市，从而帮助羽翼未丰的比特

1 值得注意的是，比特币的价格增长速度远快于区块奖励的缩水速度，因此，挖掘一个区块仍能比过去挣到更多的美元。

2 比特币最小的单位是“聪”（satoshi），1“聪”等于1亿分之一比特币。在2140年减半区块奖励后，区块奖励清零。

币快速发展。

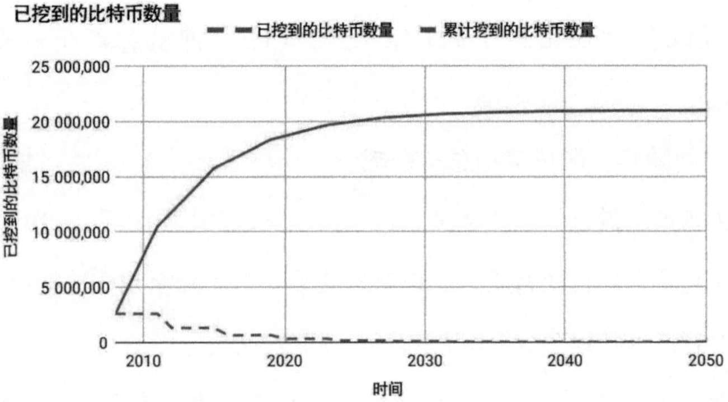

每年挖到的比特币数量呈指数级下降，这导致比特币的累计开采数量趋于稳定。
数据来源：比特币维基

丢失的比特币

有趣的是，比特币的供应量实际上会随着时间的推移而减少。比特币所具有的高度去中心化的体系意味着，如果你丢失了自己的私钥，就无法找回你的比特币。比特币体系中没有银行那样的权威机构，你无法请求重新设置你的“密码”。当然，上一章解释过，通过公钥和地址来逆向推出你的私钥几乎是不可能的。[1]这意味着，如果你将你的私钥存储在外接硬盘上，但遗憾的是那个硬盘损坏了，那么与该私钥相关的比特币就永远无法使用了。

比特币可能因多种方式永远丢失。如果你对比特币不感兴趣了，不再使用比特币钱包[2]，那存放在里面的比特币就会永远在里面，其他

---

1 即使世界上性能最强大的超级计算机，也需要数百万年才能破解比特币体系用于计算地址的SHA-256哈希算法。它必须一一尝试每个私钥。

2 比特币钱包是一款管理私钥和比特币地址的软件。

人无法使用它们。

中本聪也经历过类似的事情。在第一个被称为创世区块的比特币区块中，中本聪奖励了自己50个比特币，这50个比特币的地址是：

1A1zP1eP5QGefi2DMPTfTL5SLmv7DivfNa

由于比特币软件出现故障，这些比特币永远无法从上面的地址转移出去。但这并没有阻止比特币爱好者向这个地址发送小额比特币，许多人还附上了感谢中本聪的信息。

事实上，比特币永远丢失是很常见的。据估计，30%被挖出的比特币已经丢失。如果比特币的真实损失率大于来自区块奖励的创造率，那么比特币的供应量实际上在减少。

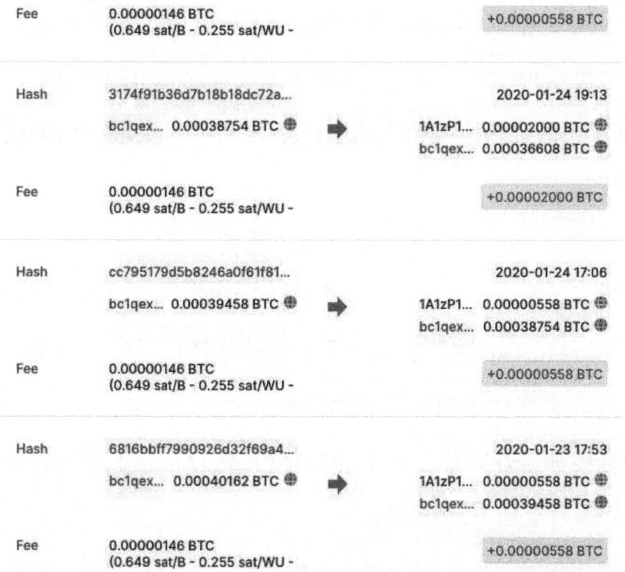

几个崇拜中本聪的人向中本聪的地址发了0.000 005 58枚比特币。0.000 005 58枚比特币当时值50美分。这就像把两个25美分的硬币扔进许愿池祈求好运一样！来源：Blockchain.com

比特币的需求

幸运的是，比特币的供应量很容易量化和预测。我们可以用一些公式精确地计算出在未来的某个时间点会有多少比特币被挖出来。

但遗憾的是，理解比特币的需求量要困难得多。你无法用单一的数字来衡量需求，而且很难对未来需求的走向做出数学预测。

蜂鸣理论

在2014年及更早的时候，比特币刚刚起步，人们对比特币的需求相对清晰。当时，限制比特币需求的主要因素是，没有人听说过比特币，因此每当媒体报道比特币时，比特币的需求和价格就会出现可预见的增长。2014年，研究人员发现，提及比特币的文章数量每增加1%，比特币的价格平均可上涨0.3%，或者用投资者的话来说，上涨了30个基点[1]。

很多媒体对比特币的报道都是负面的。在那段时期，关于比特币的头条新闻主要有两条。一条发生于2014年，当时世界上最大的比特币交易所Mt. Gox被黑客窃取了74万枚比特币。另一条发生于2013年，美国政府取缔了只接受比特币的在线药品市场。但是俗话说，“一切宣传都是好宣传”。从2013年1月到12月，单枚比特币的价格由13美元飙升至超过1 100美元。

网络舆论和口碑是更强大的可影响比特币需求的因素。研究人员同时发现，在谷歌搜索上比特币的搜索量每增加1%，比特币的价格平

1　1个基点对应0. 01%。

均就会上涨0.5%，即50个基点。

事实上，直到2014年年中，比特币的价格与公众对这项技术的兴趣（以比特币交易的总数量衡量）之间的相关性一直非常清晰，请见下图。

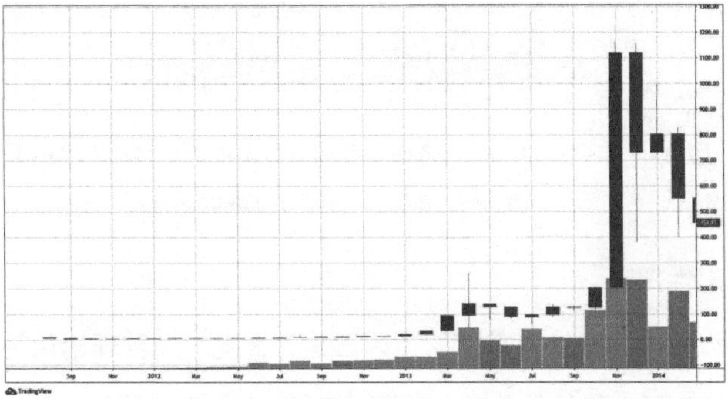

从2011年到2014年年中，比特币的价格（深色）与比特币交易量（浅色）之间存在很强的相关性。来源：TradingView

简而言之，当公众对比特币缺乏认识是限制比特币需求的主要原因时，媒体的每次报道都会促使更多人对比特币感兴趣，进而推动更多的比特币交易，从而推高了比特币的价格。

遗憾的是，这种相关性在2014年年中比特币价格暴涨暴跌后就彻底不存在了。2014年至2016年，比特币的交易量波动较大，价格却相对平稳。从2017年到撰写本书的时候，比特币的交易量相对稳定，价格却大幅上涨。

为什么会这样呢？我们认为，在2014年年中之后，比特币已经家喻户晓，至少在投资界是这样的，因此熟悉度不再是影响比特币需求或价格的主要因素。很显然，仅分析交易量和媒体报道是不够的。

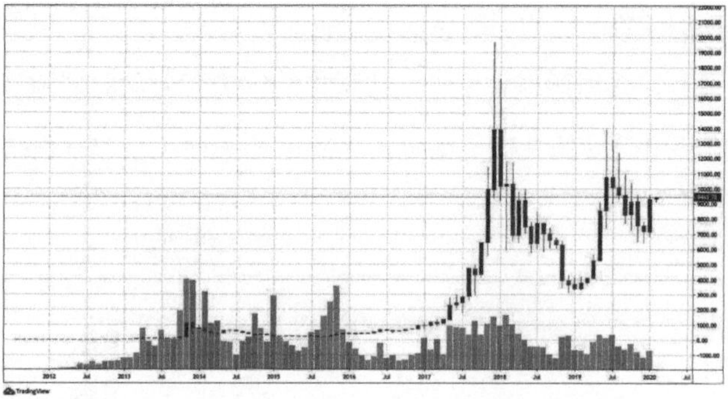

从2014年年中，比特币的价格（深色）与比特币交易量（浅色）之间几乎没有相关性。来源：TradingView

易用性理论

那么，影响比特币需求的新因素是什么呢？一种理论认为，比特币市场是股票市场的替代品。当股市下跌时，投资者会涌向比特币市场，增加了对比特币的需求。然而，这一理论的问题在于，专业的投资者并不真正认为比特币是防范股市暴跌的强大工具。比特币的价格与股票市场的表现基本不相关，所以如果股市下跌，比特币也有大约50%的可能性下跌。比特币并不是保险的。

我们认为，拉动比特币需求的现实因素还有两个。一个因素是比特币的投资门槛越来越低。在2010年代中期，持有比特币的主要方式是在电脑上运行笨拙的软件，找一个合法的比特币交易平台，在某些情况下，为了买一些比特币还要进行手续烦琐的跨境银行支付。当时的比特币投资只适合真正专注于比特币的人。

但是现在，任何人都可以投资比特币。你可以在一些网站上用借记卡购买比特币，可以用某些App购买和发送比特币。一些流行的股票交易App也提供比特币的买卖服务。你甚至可以通过富达[1]或德美利证券[2]等证券经纪人购买比特币的ETF。降低比特币投资的准入门槛，这又消除了比特币需求的一个上限。

投机理论

另一个因素是纯粹的旧猜测（plain old speculation）——在我们看来也是影响力更强的因素。大多数比特币的用户都是希望赚钱的投机者。与股票市场相比，比特币的价格波动较大，监管相对不足，而且投资门槛的降低使其成为一种令人兴奋的、相对容易投机的投资工具，这对于年轻人来说尤其如此。

尽管比特币的价格经历过暴涨暴跌，但总体上仍呈上升趋势。分析人士认为，这是因为即使在比特币的价格暴跌后，持有比特币的人大多也不愿出售手中的比特币，他们寄希望于比特币的价格会再次上涨。这就是比特币强大的“HODLing”文化。当越来越多的人持有比特币时，对比特币的需求仍然很大。

总之，人们很难衡量或预测比特币的需求，但是需求看起来会随着时间的推移而缓慢增长。我们认为，这是比特币的价格在较长的一段时期内倾向于上涨的主要原因。

随着时间的推移，比特币供应量的增长速度会越来越慢，需求对

---

1 美国富达投资集团（Fidelity Investment Group）成立于1946年，目前是全球最大的专业基金公司。富达国际（Fidelity International）成立于1969年，成立时是美国富达投资集团旗下的国际公司。在1980年，富达国际脱离美国母公司独立经营。富达国际是以共有基金管理为主的世界最大的投资管理公司之一。

2 德美利证券（TD Ameritrade）是美国比较有影响力的券商公司。

比特币价格的影响也会越来越大。如果需求的上升趋势能持续下去，比特币将继续升值。但如果需求消失，比特币的价格体系将崩溃。

将持续的低供应和反复无常的需求结合起来，你就能了解比特币的价格变化历史：剧烈波动，但长期来看仍保持增长趋势。这种趋势会持续下去吗？比特币的供应肯定会保持在低位，但很难预测对它的需求会如何变化。

通货膨胀的因素

比特币的粉丝主张，比特币不受通货膨胀的影响，因为比特币的供应量是有上限的，而且是由算法控制的，而不是人。他们的论点是，如果各国政府可以自由地印刷钞票和调整利率，它们可能出于恶意或无能而造成严重的大规模通货膨胀。

他们的说法有道理。委内瑞拉的通胀率在2019年达到百分之一千万，耗尽了人们的储蓄，使投资者逃离，并且使经济陷入了恶性循环。

比特币的支持者认为，比特币可以通过获取政府的调节货币供应的权力，从而结束通货膨胀和随之而来的社会弊病。但是，事实要复杂得多，而比特币实际上可能存在相反的问题。

通货膨胀的定义

首先，让我们回过头来想想什么是通货膨胀。当商品的价格上涨时，就会发生通货膨胀。如果购买装满一辆购物车的商品在去年要花100美元，而购买同样的商品在今年要花105美元，那么通货膨胀率为5%。[1]

大多数国家都会经历通货膨胀。像美国这样的发达经济体的年通货膨胀率为2%。这意味着美元会随着时间的推移慢慢地贬值。20美元在1919年的购买力相当于今天的300美元。一笔曾经可以让你在米其林星级餐厅吃上一顿饭的钱，现在却不能让你在芝乐坊餐厅买上一份主菜了。

如果你仔细研究通货膨胀的定义，你会发现它给比特币带来了一个问题。通货膨胀是根据多年来实物商品（如装满一辆购物车的商品）价格的变化来计算的。比特币的问题在于，你无法真正用比特币购买实物商品。即便有少数商店允许你用比特币购买实物商品，如床垫，但你通常不会直接用比特币付款。相反，你的比特币会自动转换成美元（或当地货币），商家最终收到的也是美元（或当地货币）。

因此，除了借助其他货币，你无法用比特币买到很多东西。你可以用一"篮子"货币来衡量通货膨胀。例如，你可以统计每年购买100美元、100欧元和1万日元所需的比特币数量。问题在于，由于外汇市场的波动和通货膨胀，这些货币的价值也总在变化。

因此，如果兑换一"篮子"货币的比特币价格发生了变化，你无法判断是比特币还是一"篮子"货币造成了这种价格变化。（与此同时，我们衡量通货膨胀率的实物商品的价值是固定的。一盒麦片的价值在十年前和今天是一样的。）简而言之，用一"篮子"货币对比特币汇率的变化来衡量通货膨胀不是好方法。

1 这也被称为消费者物价指数（CPI）。

粉丝们总是对的

为了便于讨论，让我们把这个不便界定的事实放在一边，假设在这个世界上，人们经常用比特币购买和出售商品（如拉兹洛的比萨）。在这种情况下，使用比特币的世界会发生通货膨胀吗？

让比特币粉丝自豪的是，答案很可能是“不会”。当货币供应量的增长超过GDP的增长时，就会发生通货膨胀。如果货币供应量无法增长，那么通货膨胀在数学上是不可能发生的。（这个定义为比特币带来了另一个问题：如何衡量用比特币购买的所有商品和服务的价值？你可以看到过去所有用比特币交易的细节，但你无法知道哪些交易是关于购买商品或服务的，哪些交易只是关于给朋友转账的。）

不过，值得注意的是，美元贬值带来的通货膨胀并不像许多比特币支持者所说的那样具有破坏性。比特币的支持者在常见问题解答中所说的“政府不断地印钞，不断加大供应量”[1]是正确的。但是，随着对该常见问题解答的深入，这种印钱“使所有人的存款贬值”并不是真的。没有人将退休金存起来，而是用这笔钱购买股票和债券，股票和债券的收益率通常高于通货膨胀率（标准普尔500指数每年增长约8%），这使得通货膨胀对购买投资产品的储户而言不是一个大问题。

所以，如果你可以通过测量来评估比特币对通货膨胀的影响，那么你就会发现比特币确实对通货膨胀是免疫的。如果你认为通货膨胀是件坏事，那对于比特币来说就是一种胜利。但比特币也很容易出现

1 请注意，增加货币供应量并不总是能导致通货膨胀，尽管这句话暗示的是另一种情况。

相反的问题：通货紧缩。

通货紧缩

正如你想的那样，当商品的价格随着时间的推移而下降时，就会发生通货紧缩。想象一下，购买装满一辆购物车的商品在去年要花100美元，而购买同样的商品在今年只要95美元。

如果货币供应量增长过快会导致通货膨胀，那么当货币供应量增长过慢甚至收缩的时候会导致通货紧缩。在大萧条时就发生了通货紧缩。货币供应量由于银行业的危机而收缩，导致1930—1933年年均通货紧缩率为10%。

减少供应

你可能还记得，比特币的供应量正在减少。这是因为比特币很容易因为各种原因而丢失：存储了私钥的硬盘丢失或被损坏；无聊的投资者把比特币发到永远不会启用的地址等。

事实上，2020年年初的一项研究发现，有1 070万枚比特币（约占当时所有被开采的比特币的60%）在一年内没有被使用，有380万枚比特币已经在5年内没有被使用了。没有办法知道在这些比特币中有多少已经不可逆转地丢失了。毫无疑问，在没有被使用的比特币中，有一部分由打算长期持有的投资者所有。但是，即使这些比特币中只有一小部分永远消失了，问题仍然存在。

与此同时，比特币的周期性减半意味着，随着时间的推移，被挖出的比特币的数量会越来越少。在2019年，全球仅挖出了约65万枚比特币，这一数字每4年就会减少。这意味着，如果每年丢失超过65万枚比特币，比特币的供应量就会减少。考虑到该研究发现的大量未被使用的比特币，这种情况是很有可能发生的。根据经济学理论，货币供应量减少将导致通货紧缩。（同样，由于缺乏合适的实物商品，很难衡量比特币与通货紧缩间的关系，但我们会尽最大努力去分析它。）

其实，通货紧缩对比特币的投资者来说是个好消息。比特币的供应量减少了，他们持有的比特币就显得稀有，因此更有价值。但显而易见，通货紧缩对经济来说是不健康的。在通货紧缩的经济环境中，随着时间的推移，钱会变得更有价值，所以你有足够的动机去囤积它，而很少有动机去投资或消费。这与比特币的“HODLing”文化完全吻合：投资者会长期持有比特币，因为他们知道比特币的价值随着时间的推移在缓慢增长。

通货膨胀的效益

然而，社会经济的运行需要人们进行消费和投资，因为这是经济增长的唯一途径。通货紧缩使人们储蓄，不进行消费和投资。与此同时，维持小幅且稳定的通货膨胀率能促使人们投资，因为他们意识到如果不进行投资或理财，自己的钱就会贬值。适当的通货膨胀有助于维持经济的健康增长。

经济体需要通货膨胀还出于一些更技术性的原因。想象一下，如果经济衰退，雇主就需要削减员工的工资。问题是，员工不乐意看到自己的账面工资下降。当有轻微通货膨胀时，雇主可以保持工资不变，这能让员工满意，但员工实际上用工资购买的商品的数量减少了。这意味着，在经济困难时期，雇主可以有效地给雇员减薪，这有助于经济更快地实现再平衡。

你在工资单上看到的工资叫作名义工资。名义工资是指工资的金额。与此同时，你能用这些钱买到的东西的数量被称为实际工资。实际工资衡量的是，你能用一定数量的钱买到多少商品，因此实际工资最终对你生活水平的影响更为重要。

如果出现了通货紧缩，你就会错过轻微通货膨胀带来的好处，如果人们囤积现金（或比特币）而不是努力发展业务，经济就会陷入停滞。因此，虽然在比特币的世界里，通货紧缩对投资者来说可能是一件好事，因为他们只要持有比特币就能看到潜在的巨额回报，但这会为比特币成为国家（或世界）货币奠定糟糕的基础。

进行投资或持有货币

所有关于通货膨胀和通货紧缩的讨论都很复杂，因为这些术语并不真正适合比特币，但有一件事是肯定的：用比特币兑换的美元数量会随着时间的推移而增长。

这意味着，比特币的购买力一直在增强。早在2010年，一枚比特币的价值还不到1美分，当时拉兹洛为买一个比萨花了1万枚比特币。但是现在，你只需要几千分之一枚比特币就可以买到一个比萨。（一万枚比特币可能足够买一家或三家比萨店。）

稳定和增长

在这方面，比特币的表现与股票、债券和其他投资产品非常相似：它们的目标都是随着时间的推移而增值。当谷歌在2004年上市时，其股票的价格为85美元，这相当于今天的115美元。在撰写本书时，谷歌的股票价格将近1 500美元。当时一股谷歌的股票可以买到Game Boy游戏机，现在可以买到MacBook了。

这类资产与美元、欧元和其他货币形成对比，货币随着时间的推移基本稳定，但由于通货膨胀而逐渐贬值。（请回顾前面讲到的在米其林星级餐厅和芝乐坊餐厅吃饭的故事。）

这指出了一个关键的事实：使投资变得有效率的东西与使货币变得有效率的东西是不同的。谷歌的股票是十分理想的投资产品，但你不会希望它成为美国唯一的法定货币，因为商业交易将因此变得困难许多。（消费者不会买任何东西，既然用同样数量的股票在几个月后能买到更多东西，现在为什么要消费呢？商家则会犹豫是否接受股票，因为他们担心它的价值会崩溃，他们会因此赔钱。）

另一方面，美元是非常稳定的，这使得它成为商业交易和经济运行的重要基础。你可以相信，你花费或赚到的美元不会大幅升值或贬值。但投资者不会把美元作为他们投资策略的核心，因为美元没有利润可赚，而且，通货膨胀实际上慢慢地吞噬了美元的价值。

换句话说，好的货币的价值具有稳定性，而好的投资产品的价值具有增长性。当然，稳定性和增长性是相互排斥的。一种金融工具不可能在保持稳定的同时还保持增长。

比特币——彻头彻尾的投资

那么，比特币该何去何从呢？

比特币是一种奇怪的金融工具。它既是一种货币，也是一种投资产品。你可以使用比特币在网上买卖东西，也可以购买并持有比特币，以期能够盈利。但比特币又像Venmo或PayPal，可以成为交易平台。这使得比特币成了真正独一无二的金融发明。

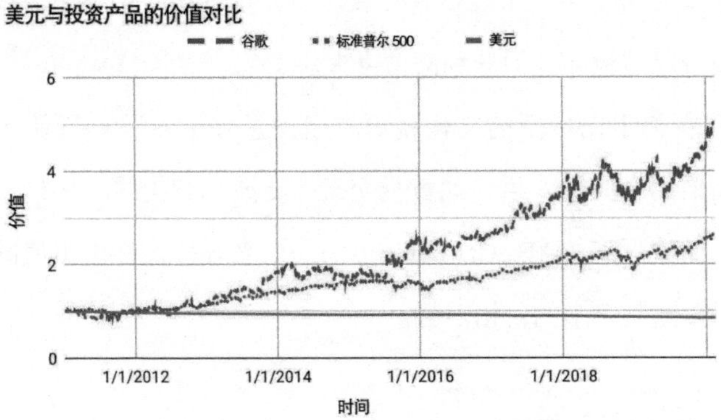

美元的价值是稳定的但呈缓慢下跌趋势；投资产品的价值是波动的但呈长期增长态势。数据来源：谷歌Finance和Ian Webster

但是，正如前面所说的，金融工具不可能同时是增值的货币和增值的投资产品。在两者间必须做出选择。从技术上讲，比特币是一种货币，但它表现得更像是一种投资产品。

如果你看看比特币的价格变化，很明显，比特币选择成为一种投资产品。比特币币值的不稳定性是出了名的：它可以在一个星期内下跌或飙升20%。在2017年12月的一个特别疯狂的日子里，一枚比特币的价格从早上的1.5万美元涨到了午餐时间的逾1.9万美元，到下午晚些时候，回落至约1.6万美元。比特币币值的增长仍然是不可预测的，但是到目前为止，从长远来看，它增长得非常快。

这些都是投资产品的标志。事实上，比特币币值的波动性和增长性甚至比大多数股票更极端。如果股票在一天内下跌4%，华尔街称之为“极度悲观”的迹象。如果股票在一周内下跌10%，就属于“暴跌”。但对于比特币来说，这样的波动不过是小意思。比特币很可能在一天内升值或贬值10%。但是，当然，比特币创造财富的速度比任何股票都要快得多。（投资者一致认为，投资比特币就像短线交易股票，投资风险极高，但获利潜力巨大。）

看看关于比特币的文化就更有启发意义了。整个行业的专家从华尔街借用了大量术语，如黄金交叉、斐波那契折线、杯柄形态、头肩底、谐波形态（AB=CD patterns）等，来分析比特币币值的微小波动，以预测其未来的价格走势。

一位比特币分析师称，他在比特币的币值变化中发现了杯柄形态。这种形态被认为是看涨信号，预示着币值将在未来上涨。来源：Vaido Veek

这些术语代表技术交易员在交易中常用的工具。技术交易员试图仅根据股票过去的价格和交易量来预测股票的价格走势，而不是分析公司、市场、经济和其他基本面。例如，斐波那契折线可以让你通过用斐波那契数列推导出的特定数学比率来划分最近的价格峰值和低谷间的距离，从而确定股票价格的短期下限和上限（分别被称为支撑和阻力）。

当然，比特币成为新闻焦点一般发生在分析师们认为比特币的币值将飙升的时候。你肯定听说过，比特币将达到10万美元甚至100万美元一枚的预言。几乎任何新闻事件，从战争威胁到病毒爆发，都会引起投机者的议论。简而言之，围绕比特币的讨论大多来自这样的投资者和分析师。他们被称为“加密交易商”，并将比特币视为一种投资产品，而非货币。

2018年12月至2019年3月，比特币的币值在3 600美元至4 000美元间窄幅波动，这或许是比特币用户将比特币视为投资产品而非货币的最有力证据。如果比特币用户真的希望比特币成为一种货币，他们会庆祝这一不寻常的币值稳定。人们终于可以用比特币进行交易，而不用担心他们的比特币会贬值，也不用担心他们会损失一个收入来源或一笔利润。

但大多数人并没有为比特币的币值稳定欢欣鼓舞。相反，我们更常听到人们说比特币被“卡住”了，或者哀叹比特币被“拒绝”，或者说比特币的币值在试图继续走高的过程中面临“阻力”。这些话是那些逐利的投资者说的，而不是那些试图取代现行货币制度的人说的。

因此，虽然比特币既可以是一种货币，也可以是一种投资产品，但它显然被选择为一种投资产品。你可以把比特币当作一种货币来使用，但它是有很大缺陷的货币。但正是这些缺陷使比特币成为一种有趣的投资产品。比特币或许不能代表货币的未来，但它很可能是投资未来的一部分。

第3章 比特币的失策

比特币是一项令人激动的新技术。我们的基金会正利用加密数字货币，以使穷人可以享受银行服务。我们的基金会因为两个原因不专门使用比特币。一是，穷人不应该拥有一种币值相对于他们本国货币波动很大的货币。二是，如果你搞错了收款人，你应该可以更正这个错误，而匿名化的比特币显然做不到。

——比尔·盖茨，比尔和梅琳达盖茨基金会联席主席

中本聪在《比特币白皮书》中将比特币描述成一种优雅的、基于数学的货币，让你无须通过银行就能进行支付。但在《比特币白皮书》发布后的几年里，人们逐渐认识到，比特币实践起来比理论所描述的要困难得多。我们也看到，人们对比特币做出的许多乌托邦式的预测并没有完全实现。

扩容的问题

我们在上一章探讨过，比特币既可以是一种货币，也可以是一种投资产品，但它主要演变成了后者。而使这件事情变得特别有趣的是，中本聪原本打算让比特币成为一种货币。

2008年，当中本聪用邮件的方式发布比特币时，他在邮件中写的第一句是："我一直在研究一种新的电子现金系统，它完全是点对点的，不需要可信的第三方。"

中本聪不把比特币看作一种投资产品，他认为比特币是一种支付系统。比特币作为一种支付系统，它的要点是，"允许进行不通过金融机构的、直接的在线支付"。

中本聪特别指出，小额支付是比特币的一个关键用途。中本聪在他发送的另一封邮件中说："与现有的支付方式相比，比特币更适用于较小额度的交易。小到超乎你的想象。"

中本聪并没有给出确切的金额，但是考虑到小额支付的额度通常被认为是几美元或更少，我们假设他的意思是几美分到几美元之间。

交易费用和延误

那么，可以用比特币把1美元转账给别人吗？

我们已经讨论过比特币币值的波动性是如何使它成为一种高风险资产的。但还有更多的因素需要考虑。

首先，需要考虑的是交易费用。请记住，矿工对一个区块内的每笔交易都要收费。每笔交易在纳入区块前都要指定其可以支付的交易费用，然后才能进入所有未被确认的交易的内存池。矿工可以选择纳入下一个区块的交易。你能想象到，他们会选择支付交易费用最高的交易。

这意味着，当有很多笔交易在一个区块内争夺一个位置时，交易发送者必须支付更高的交易费用才能胜出。（就像优步和来福车服务在出行高峰期要贵很多一样。）

请注意，交易费用并不取决于你发送了多少比特币。你发送的比特币数量不会影响交易的大小（以字节为单位的容量），矿工希望在一个区块中包含的交易数量最大化，所以他们不关心你的交易内容是什么，只要你支付的交易费用足够多就行。

在中本聪和拉兹洛的时代，交易费用平均只有几美分。但是，现在比特币的价格已经上涨了，对比特币感兴趣的人越来越多，交易费用也变为50美分~1美元。这笔费用并不算多，特别是如果你试图用比特币转账上千美元时。但是，如果你想用比特币向朋友转账1美元，你就不想承担这么高的费用了，尤其是当Venmo之类的应用允许你免费转账时。

交易阻塞

交易费用的问题更多地出现在交易阻塞的时候。当人们进行交易的速度远远快于矿工将交易打包成区块的速度时（请记住，区块只能每10分钟制作一次），需求的增加将推高平均交易费用。

以2017年12月的情况为例。比特币长达一年的涨势在这个月达到顶点：一枚比特币的币值从2017年1月的不到1 000美元飙升至2017年12月的逾1.9万美元。在这个月，试图买卖比特币的人持续增多，交易的数量达到了前所未有的高度，这导致交易的平均费用飙升（一度超过55美元）。

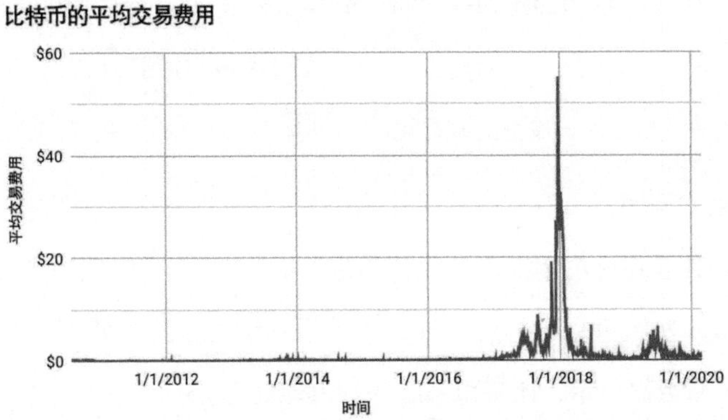

比特币的交易费用通常不到1美元，但在需求旺盛的时候会飙升——平均交易费用一度超过55美元。数据来源：Bitinfocharts.com

另外，大量的交易还导致了极其漫长的等待时间。在2017年12月7日的某一时刻，内存池里有超过20万笔未经确认的交易。但是，由于每小时只能处理几千笔交易（截至写作本书时，每小时能处理1.2万笔至1.5万笔），交易池在很长一段时间内都处于阻塞状态。在交易阻塞时候，一笔交易被确认并放到区块链上平均需要16小时。想象一下，你为了办一张信用卡在银行柜台前等了16小时。

简而言之，在人们对比特币最感兴趣的时期，比特币的处境比较“艰难”，激增的交易量导致了较高的交易费用和较长的等待时间。想赚取数千美元的比特币投资者可能可以接受55美元的交易费用和16小时的等待时间。但是，对于想要买一杯咖啡的人而言，这是无法接受的。

遗憾的是，这个问题并没有得到解决。获取关于交易等待时间的数据越来越困难，并且比特币的币值飙升已成为比特币的一个显著特征。比特币在2019年夏季蓬勃发展，单枚比特币的币值在跌破4 000美元几个月后，在2019年7月一度超过了1.2万美元。当时，比特币的交易费用的增幅较小，但仍相当可观。从2019年5月到7月初，交易费用一般约为2美元，一度超过6美元。

根本问题

即使在最好的情况下，比特币也不适合小额支付。据早期著名的比特币开发者迈克·赫恩估计，比特币系统每秒只能处理大约3笔交易。最新数据显示，比特币系统每秒只能处理3.5~4笔交易。

但是，维萨的系统每秒可以处理更多笔交易。对此，我们很难说出一个确切的数字。摩根士丹利表示，维萨和万事达每秒可以处理5 000笔交易。维萨曾经吹嘘，称其系统每秒可以处理11 000笔交易。而有一些白皮书显示，维萨每秒最多可处理45 000笔交易。无论哪个数据是真实的，维萨处理的交易数量远远超过比特币。

信用卡交易只需要几秒钟便能完成。但是，即使你支付了“高昂的”交易费用，完成一笔比特币交易平均也需要10分钟，因为区块平均每10分钟被开挖一次。[1]

接受比特币的商户实际上被建议，应在完成交易后再等待该交易所在区块链新增6个区块，从而将被欺诈的风险降到最低。（前面提过，一个有足够计算能力的黑客可以建立一条新的分支，并且尝试使具有欺诈性质的分支成为最长链从而替代合法链成为正式的区块链。一旦主链新增了6个区块，攻击者的支链就会落后。）因此，即使在最好的情况下，比特币交易的平均处理时间也需要1小时！

总之，虽然比特币交易确实避免了中间人，但代价高昂：比特币的支付效率非常低，尤其是对于中本聪希望比特币能够实现的小额支付来说。

可扩容的未来

在解决比特币无法处理大量交易的问题（比特币圈子里说的“扩容问题”）上，已经取得了一些进展。

比特币试图解决扩容问题的基础措施是SegWit（Segregated Witness 的缩写，即“隔离见证”），这是对比特币协议（关于比特币如何创建、存储和使用的规则）的一种升级。比特币的用户、矿工和交易所可以切换到该协议。

---

1 区块并不是每10分钟准时开挖一次。相反，区块每秒钟的开挖概率是随机的。矿工可能每5秒钟挖出一个区块，也可能需要等1小时才能挖出下一个区块。但是，每挖出一个区块的平均用时为10分钟。（这被称为泊松过程。）

SegWit于2017年9月正式激活，它将每笔交易的特定元数据（包括证明该交易发起者的签名）移动到区块的新部位，从而为区块腾出空间以处理更多的交易。

这使得在一个区中可容纳更多的交易，从而增加比特币每秒可处理的总交易数。在SegWit中，带有签名的元数据被称为“见证”，它与主交易数据“隔离”。

另一个著名的潜在解决方案是闪电网络，它的目标是“在区块链之外”进行大多数交易，以避免区块链上的交易费用和等待时间。每对儿用户在一个数字便签上记录他们的支付情况；他们只是偶尔用区块链“结算”一下自己的余额。

想象一下，你和一个朋友一起去度假。你可以使用闪电网络所提供的电子表单来记录你们所有的埋单情况，在旅行结束后汇总结算，而不是在每顿饭、每次住宿、每次出行后就进行分账。

犯罪分子最喜欢的货币

在比特币诞生后的最初几年，人们通常把它与神秘的网络犯罪联系在一起，它作为被毒枭和黑客使用的神秘货币而名声在外。说实话，它不负盛名。

网络黑市

建立在比特币基础上的最著名的犯罪企业是丝路市场，可将其理解为不合法的亚马逊。从2011年到2013年，在丝路市场中售卖的有毒品、假护照等各种商品，在其短暂的存在期间走私了超过12亿美元的违禁品。（值得一提的是，丝路市场禁止售卖一些品类的商品。丝路市场的创始人是一位名叫罗斯·乌布利希的美国程序员，他只允许那些导致“无受害人犯罪”的商品进入该网站。这意味着暗杀、被盗的信用卡号码和儿童色情等直接伤害他人的商品都被禁止。）

你可以想象，违禁品的买家和卖家都不想留下用信用卡付款的记录。他们在丝路市场购物时主要使用新兴的比特币。

比特币具有的相对匿名性无疑不利于执法部门追踪丝路市场中犯罪活动。

“恶魔”的狂欢不会永远持续下去。2013年，美国联邦调查局的特工在旧金山的一家图书馆找到了乌布利希，当时他正在用笔记本电脑登录丝路市场。在戏剧性地逮捕乌布利希之后，当局查封了运行丝路市场的服务器，并且永久地关闭了该网站。[1]

暗市场

但是，在利用比特币的犯罪活动中，丝路市场并不是影响最恶劣的平台。一个名为Cthulhu的网站提供由退伍军人和雇佣兵组成的“有组织犯罪集团”的服务，用户可以雇用杀手。[2]

从丝路市场开始，出现了很多专门出售偷来的信用卡号的论坛和网上商店。安全研究员布赖恩·克雷布斯发表了一篇著名的文章，介

---

1 乌布利希成为经典错误之一的受害者。最著名的经典错误是：永远不要参与旧金山的比特币计划。

2 他们的口号是：“常见问题的解决方案！”

绍了一家名为McDumpals的“刷卡”店，其商标的图案是麦当劳叔叔用枪指着顾客。

所有这些犯罪组织的首选货币就是比特币。正如克苏鲁所说，比特币的优势在于匿名性，所以“我们难以把犯罪的人送进监狱”。

黑客

热爱比特币的不只有非法商人。黑客也喜欢这种具有匿名性特点的货币。

黑客经常在通过勒索软件进行勒索时使用比特币。勒索软件是能使计算机中毒的恶意软件或计算机病毒，它能对计算机中的所有文件进行加密，并且威胁计算机的所有者向某个特定地址发送比特币以作为“赎金”，否则就会永远无法访问自己的文件。换句话说，要么付清“赎金”，要么永远丢失你的文件。

勒索软件是在WannaCry病毒出现后突然成为新闻热点的，该病毒在2017年感染了世界各地的基于Windows系统的计算机。不出所料，黑客要求用比特币作为“赎金”以掩盖自己的踪迹。

然而，讽刺的是，对黑客来说，比特币并不是一个很好的选择。到2017年5月，散布WannaCry病毒的黑客仅获得了大约5万美元的赎金。尽管有20万台计算机被感染，但黑客从每台计算机上也只能获得40美分。这一微弱的收获在很大程度上是由于许多受害者缺乏足够的技术知识，不知道在哪里购买比特币，以及如何将比特币发送给黑客。（最有可能成为勒索软件受害者的人可能是那些最不懂技术的人。为什么黑客们要与这些不懂比特币的人用比特币来谈判呢？）

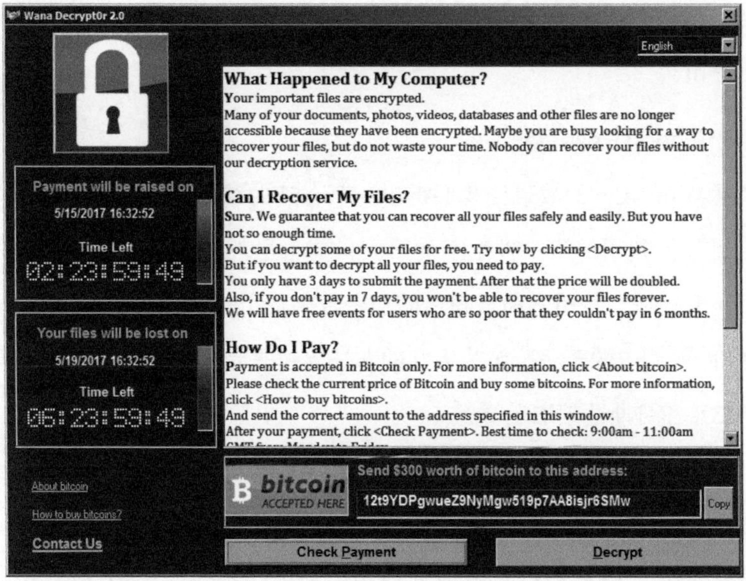

在勒索软件WannaCry控制计算机后显示的窗口截屏。该软件使从医院到汽车制造商等各种组织陷入瘫痪。黑客要求用户向截图中的地址发送价值300美元的比特币来解密文件。来源：维基百科

更重要的是，记者发现了一些WannaCry的主谋所使用的比特币地址，人们（更不用说执法部门了）可以看到资金的流入。财经网站Quartz观察到，比特币地址“12t9YDPgwueZ9NyMgw519p7AA8isjr6SMw”收到了38笔赎金。

因为这些比特币地址的资金转移记录都是公开的，黑客想使用他们的不义之财就会困难许多。事实上，记者注意到，在2017年8月，有超过价值14万美元的比特币从黑客的钱包里被转移出来。

还有迹象表明，由于比特币币值的波动性太大，就连散布WannaCry病毒的黑客也难以承受。黑客之前索要价值300美元的比特币作为“赎金”，后来则索要价值600美元的比特币。值得注意的

是，黑客并没有要求比特币的数量，而是要求受害者将美元兑换成比特币。

Liberty Reserve

WannaCry的故事使我们得出一个有趣的结论：比特币不是网络犯罪分子利用的第一种数字货币。目前，虽然还不清楚是哪一种货币，但是在比特币之前最知名的加密数字货币是Liberty Reserve（简称LR）。LR源于一个鲜为人知的非法支付平台，该平台从2006年至2013年在哥斯达黎加运营。

LR比比特币更黑暗、更简单。用户可以通过在马来西亚、尼日利亚或越南等国的中间人将钱存入哥斯达黎加的LR银行账户。然后，用户可以自由地把钱转给另一个LR用户。之后，用户可以与其他货币兑换商合作，将钱从他们的LR账户中取出来。

哥斯达黎加几乎对LR平台没有任何金融监管，而且与中间人的合作方式也确保LR平台不知道是谁在实际操作银行账户，所以利用LR进行交易本质上是一种处于当局监视下的匿名的洗钱和买卖非法商品的方式。没有人知道你把钱花在什么地方，没有人知道你在和谁交易，也没有人知道你的利润来自哪里。

正如你能预料到的那样，LR受到毒贩、信用卡窃贼、黑客和其他一切犯罪分子的追捧。

撇开明显的犯罪行为不谈，LR的应用模式对我们来说是一个有趣的研究案例。与比特币不同的是，LR是高度中心化的，并通过使用非法的网络沟通渠道来避免审查，它明显是一种支付方式，而不是一种价值储存手段。每"LR元"只值一美元，因此持有LR不会带来任何收益。这表明货币的实际运行机制并不那么重要。只要货币是相对匿名的，犯罪分子就会滥用它。

这是令人遗憾的，因为有些人会合法地从匿名货币中获益。想象一下，一个政权中的持不同政见者虽然不希望其电子交易被跟踪。但是，如果犯罪分子是匿名货币的头号客户，你就不得不怀疑将货币匿名化的做法是否值得。

不匿名

到目前为止，我们称比特币“基本匿名”是有原因的：它不是匿名的。的确，虽然你的名字没有直接关联你的比特币交易，但你的比特币地址与你的比特币交易是关联的。事实上，如果你的对手有足够的动机，就能将你的身份与你的比特币地址相关联。也就是说，虽然比特币使用的是假名，但你的假名可能比你想象得更容易被破解。

为了说明这一点，我们有必要重提一下我们的老朋友罗斯·乌布利希，他是丝路市场的所有者。

当美国联邦调查局的特工在旧金山逮捕乌布利希后，乌布利希的律师声称他的当事人是被陷害的，并不是真正的丝路市场的幕后控制者“恐怖海盗”罗伯茨（Dread Pirate Roberts）。因此，联邦调查局重新调查了被缴获的乌布利希的笔记本电脑，在硬盘里找到了他的比特币钱包地址。而特工已经知道“丝路市场”钱包的地址，那里存放着从网站收费中赚来的钱。

特工所要做的就是，在比特币的区块链上寻找丝路市场的地址和乌布里希的地址间的交易。他们找到了3 700多笔交易，总共涉及70多万枚比特币。毫无疑问，乌布里希就是那个“恐怖海盗”罗伯茨。[1]

大多数人为乌布利希的命运感到惋惜，但关键是，比特币的区块链所具有的惊人的透明度使比特币的匿名性可能远远低于其支持者所认为的那样。

Mt. Gox事件

比特币以其安全性为荣，这在很大程度上是正确的。超级计算机需要花费数百万年的时间才能破解比特币用于挖矿和生成地址的单向哈希函数。这使得人们几乎不可能骗取挖矿算法或猜测你的私钥。而且，由于工作证明系统的缘故，也几乎不可能实现51%攻击，以及伪造过去的交易记录。

但比特币的安全承诺有一个不足之处，那就是它和其他技术一样容易出现人为错误。对于这种不足，最著名的例子是Mt. Gox的失败。Mt. Gox曾经是世界上首屈一指的比特币交易平台。

Mt. Gox于2010年在东京成立，它允许世界各地的人们将美元、日元等政府发行的法定货币兑换成比特币，反之亦然。Mt. Gox实际上是在2009年为卡牌游戏《万智牌》（*Magic: The Gathering*）交换卡牌而诞生的。“Mt. Gox”这个名字源自“*Magic: The Gathering* Online Exchange”。Mt. Gox很快转向了比特币。Mt. Gox发展迅速，到2013

1　另一个经典的错误：当快要进监狱时，千万不要与区块链对抗。

年，全球超过70%的比特币交易都通过该平台进行。

Mt. Gox曾被黑客攻击过几次，与美国国土安全部也有过摩擦，但总体而言，在2014年年初之前，Mt. Gox的业务一直在蓬勃发展。

2014年2月的一天，Mt. Gox突然停止了从交易所提取资金的业务，从而阻止交易员清算Mt. Gox钱包里的比特币，并取出法定货币。几周后，Mt. Gox关闭了网站上的所有交易。不久后，Mt. Gox申请破产。当时价值4.5亿美元、撰写本书时价值超过80亿美元的85万枚比特币消失得无影无踪。

在不到一个月的时间里，Mt. Gox从发展的顶峰跌入谷底。它被称为“区块链的雷曼兄弟”。那么，到底发生了什么事？

盗窃

Mt. Gox早在2011年就遇到了麻烦，但是大多数用户并不知道。Mt. Gox将用户的账户余额存储在特定的钱包中（钱包只是针对私钥和地址对的术语）。2011年，不知真实身份是黑客还是Mt. Gox的流氓雇员的一名攻击者从Mt. Gox的服务器上复制了一个名为“wallet.dat”的文件；这个文件里存有Mt. Gox钱包的私钥。

在接下来的几年里，有Mt. Gox私钥的小偷慢慢挪走了Mt. Gox钱包里的比特币。Mt. Gox完全不知道失窃事件。事实上，Mt. Gox认为，从其钱包里窃取比特币的小偷只是它的一个客户。奇怪的是，Mt. Gox甚至还贷给其他客户4万枚比特币，显然认为他们的存款与此小偷的“存款”有关。

目前，还不清楚小偷从Mt. Gox偷了多少枚比特币。有20万枚比特币后来被找到，但有大约60万枚仍下落不明。一些人认为，Mt. Gox一开始并没有持有那么多的比特币，它做了假账以使自己的财务状况看起来更好。

安全专家最终确认，被盗资金被转移进一个名叫亚历山大·文尼克的俄罗斯男子的钱包里。文尼克是Mt. Gox的秘密竞争对手比特币交易平台BTC-e的所有者。BTC-e出售了大约30万枚被盗的比特币。

在媒体报道了这起特大盗窃案后，比特币界陷入恐慌，比特币的币值下跌了20%。一些人甚至担心这是比特币的末日。

教训

这起盗窃案显然没有使比特币走入绝境，但它确实揭示出，尽管比特币的技术先进，但它并没有办法防范恶劣的安全事件。比特币钱包的安全取决于它的私钥，如果有人得到了这个私钥，那么比特币钱包中的比特币就是他们的了，并且比特币一旦被转移走，就几乎不可能被找回来。[1]

事实上，Mt. Gox因其极不到位的安全措施和不专业的商业运作而臭名昭著。在向客户发布新代码前，Mt. Gox没有测试新代码，这意味着客户很可能遇到有损于他们账户的故障。Mt. Gox没有源代码的备份，这意味着无法回滚以消除错误代码的影响。Mt. Gox只授权了一个人有修改代码的权限，而那个人就是Mt. Gox的CEO 马克·卡佩莱斯。

---

1 使盗窃行为无效的唯一做法是，在区块链上生成一条分叉，从而替代盗窃行为的交易记录。我们将在后面讲到另一种加密数字货币是如何使用这种策略的。

更糟糕的是，卡佩莱斯很少关注业务的细节，他更愿意把时间及数百万美元花在一个名为“比特币咖啡馆”（Bitcoin Cafe）的项目上。比特币咖啡馆位于东京，你可以在那里用比特币买到饮料。卡佩莱斯在批准代码方面很松懈，即使重要的安全补丁也需要几周时间才能获得批准并投入使用。

而Mt. Gox不可原谅的疏忽是，将未加密的私钥存储在共享服务器上。私钥在存储前通常需要被加密；在访问私钥前，你需要输入一个特殊的解密密钥，否则私钥看起来就像一串乱码。如果Mt. Gox加密了wallet.dat文件，攻击者就无法提取文件中的私钥。但是Mt. Gox没有加密wallet.dat文件（相当于以明文保存），从而为这次攻击做好了“准备”。

所有这些都表明，像Mt. Gox这样的加密领域的组织并不一定比普通组织更安全。无论是否应用了区块链技术，任何在保障安全方面做得不够的组织都可能被黑客攻击。

其他选择

有鉴于此，比特币社区已经开发了避免此类黑客攻击事件再次发生的技术。在这类技术中，最引人注目的是冷钱包，它将私钥存储在一个不连接互联网的平台上，可以防止网络攻击或任何此类漏洞。

冷钱包有两种常见的形式。第一种是纸钱包，即私钥和地址被印刷在一张纸上（这张纸应被放在一个安全的地方）。这和把写有你的银行卡密码的便利贴放在书房里没什么两样：用起来不方便，也容易放错地方，但这能确保黑客的攻击不会得手。

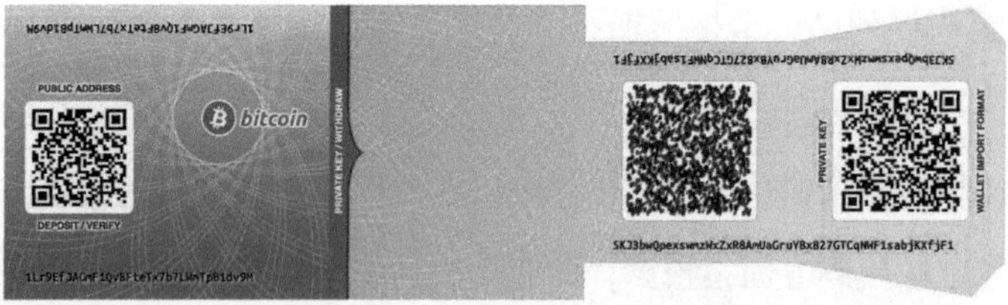

上图为纸钱包的一个示例。最左边的代码是地址，最右边的代码是私钥。你也可以通过扫描二维码来更便捷地输入私钥和地址。来源：BitcoinPaperWallet

第二种是硬件钱包，即将私钥存在一个优盘上。硬件钱包是安全的，因为你的私钥存在优盘里。请永远不要丢掉这个优盘。交易时你需要用私钥进行签名，利用硬件钱包，你可以在（联网的）计算机没有存储你的私钥的情况下交易。

更重要的是，一些硬件钱包还需要你按下一个物理按钮来批准交易。因此攻击者不可能拿走你的钱，除非他们能得到你的硬件钱包。在科技领域，用实物来补充数字登录的策略已经变得相当普遍。如果你曾经使用过双因素身份验证，例如用你的手机批准登录，那么你对这种方法不会陌生。

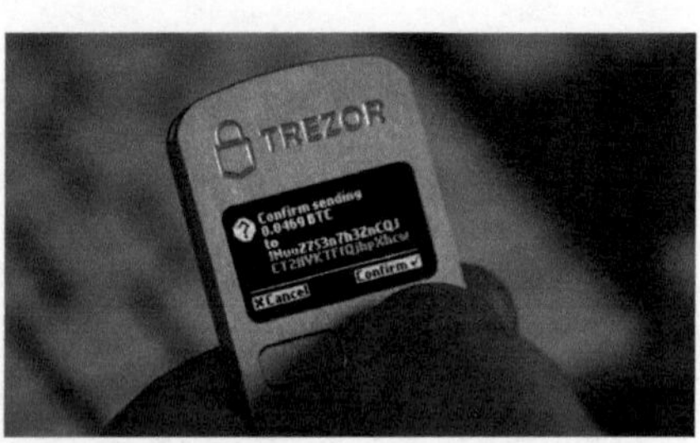

上图为硬件钱包的一个示例。私钥被存在这个小设备上，它通过USB端口插入计算机。需要使用物理按钮来批准交易。来源：维基媒体

冷钱包背后的理论有点自相矛盾。它能离线存储敏感信息，这样

的确更安全，因为黑客能找到任何存储在联网计算机上的东西。冷钱包肯定能帮助Mt. Gox提升安全性，因为黑客要偷钱的话必须亲自入侵Mt. Gox总部（或绑架CEO），而不是悄悄地在安全的距离把钱窃走。

不过，冷钱包的使用还不够方便。出于这个原因，专家们说，最好的办法是把长期储蓄的私钥放在冷钱包中，把日常开支的零钱的私钥放在一台普通的联网计算机上，即人们所说的热存储。

挖矿和气候变化

《卫报》的亚历克斯·赫恩很好地总结了比特币的工作证明挖矿算法："比特币挖矿是一种竞争，通过每秒做无数次毫无意义的算术运算来尽可能地浪费电能。"

耗能巨大的挖矿确实起到了一定的作用，能防止比特币的交易记录被篡改。但赫恩仍然认为挖矿是一种资源浪费，而且挖矿竞争正变得日益激烈。矿工们陷入了一场无休止的军备竞赛。你成功挖出一个区块的概率与你控制的总哈希能力的比例成正比，所以，如果其他矿工装备了算力强大的矿机，你就必须装备算力更强大的矿机才不至于在竞争中落后。

这场"军备竞赛"的发展令人震惊。一台每秒可以产生1万亿哈希值的矿机，在2011年年初一天可以为你赚2万美元，在2015年年初一天能赚4美元，在2020年年初一天只能赚10美分。（考虑到这些矿机的耗电量巨大，以及由此带来的高昂电费，所以很有可能你在2020年年初就亏本了。）

因为算力更强大的矿机，即每秒产生更多哈希值的矿机，需要更多的能源。比特币挖矿的能源消耗量正在稳步增长，而且这一趋势在短期内不会放缓。剑桥大学估计，到2020年，比特币的年能耗量将从2017年的约6太瓦时（约为卢森堡的年能耗量）飙升至约80太瓦时（约为芬兰的年能耗量）。

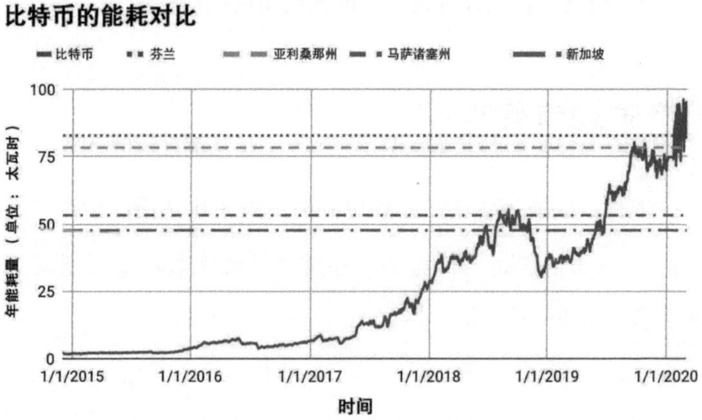

如今，比特币的年能耗量比许多国家或美国一些州的年能耗量还多。

数据来源：剑桥大学和美国能源信息管理局

80太瓦时这个数字高于美国中央情报局数据库中219个国家和地区中的185个的年能耗量，包括瑞士、希腊、以色列、新加坡、葡萄牙、秘鲁和新西兰。它比美国34个州的年能耗量还要多。[1]

据估计，为验证一笔比特币交易而进行的挖矿工作所使用的电量足够一个普通美国家庭使用22天，其产生的碳排放量超过处理75万笔维萨交易的碳排放量（300公斤二氧化碳），并产生相当于两个高尔

1 使用“零售总额”指标。

夫球的电子垃圾。[1]

可以说，在人类需要减少能源使用量以抵御气候变化的时候，比特币挖矿的能源消耗量正在稳步增长。当我们需要减少碳排放量的时候，比特币挖矿会产生巨大的碳排放量。

令人振奋的是，有报告显示，80%的比特币挖矿工作使用的是可再生能源，但是，使用过多的能源，即使是可再生能源，都是令人担忧的。

单人挖矿的神话

早期的比特币挖矿就像19世纪四五十年代淘金热时期在加利福尼亚州淘金一样。任何一个业余爱好者，只要有一台性能强大的自己组装的计算机，甚至是一台性能强大的笔记本电脑，都可以通过挖比特币每天赚上几十美元或几百美元。根据我们的估计，即使在2013年，也可以用MacBook挖矿，每天赚5~10美元。学生们甚至还考虑过用学校的教学计算机来挖矿。

很少有人能通过比特币挖矿暴富（早期的投资者往往做得更好），但是通过比特币挖矿很容易赚到钱。这是比特币的一个关键卖点：由于许多独立的小矿工相互竞争，所以没有人能够积累足够的算力产生超越主链的分叉，从而利用我们前面讨论的51%攻击伪造交易。自给自足的“小企业主”不需要政府或大公司的帮助，自主赚钱的想法符合比特币的自由主义精神。

1　当然，矿工不会单独验证交易。这里引用的统计数据表示挖出一个区块的总能耗量除以一个区块中平均包含的交易数。

但那种个体矿工通过笔记本电脑或自制矿机来致富已是遥远的传说。

“军备竞赛”

最根本的问题是，比特币挖矿的竞争已经到了令人望而却步的地步。你可以挖到的区块数量与你所控制的世界总哈希能力的比例成正比，因此，要赚更多的钱，关键是要装备比竞争对手性能更强大的矿机。既然每个人都是这么想的，那么每个人都会装备性能更强大的矿机，但这只会让每个人回到原来的竞争地位。

事实上，比特币网络的总哈希能力已经随着时间的推移而飞速增长。

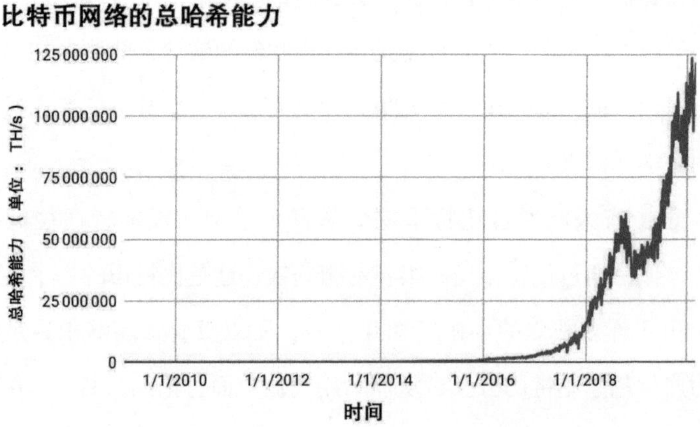

比特币网络的总哈希能力，它是所有矿工的哈希能力的总和。

数据来源：Blockchain.com

有趣的是，在比特币发展早期，中本聪曾敦促矿工遵守“君子协议”，不要使用性能极其强大的计算机采矿。这表明他一定知道“军备竞赛”的破坏性潜力。然而，这个协议很明显并没有维持多久。对于矿工来说，赚取巨额资金的诱惑实在太大了。

巨大的投资

由于比特币网络的总哈希能力是如此之高，以至于矿工需要控制巨大的哈希能力才有可能挖到区块。

笔记本电脑对于挖矿来说已经不够了。一台MacBook的挖矿速度是我们之前提到的价值2 000美元的矿机的1/5万。而且在挖矿过程中，你的笔记本电脑也会被烧坏。

因此，实际上，如今成为独立矿工的唯一途径是投资数千美元购买一台ASIC矿机。问题是，即使使用价值2 000美元的矿机，平均也要花38年才能挖出一个区块。

如果你真的挖出了一个区块，你会得到一大笔钱——区块奖励是12.5枚比特币，价值超过11万美元（在撰写本书的时候）。但是，在你得到比特币前，你得花上几十年的时间在一台除了挖矿什么都做不了的机器前等待。对了，那台昂贵的电脑将使你每年的电费增加大约2 000美元。

另一个问题是，随着“军备竞赛”的持续，你必须不断升级矿机以保持竞争力。

简言之，只有持续投入大量资金在专业设备上，个体矿工才有机会从比特币挖矿中赚钱。因此，他们最好还是从交易所购买比特币，然后期待比特币的币值上涨。

矿池

一种快速的解决方案是加入一个矿池或矿工俱乐部，以共享他们的哈希能力，并从他们挖到的区块中分成。一个足够大的矿池会在相当固定的时间间隔内挖到区块，因此你将定期获得与你为矿池贡献的算力相对应的收入。

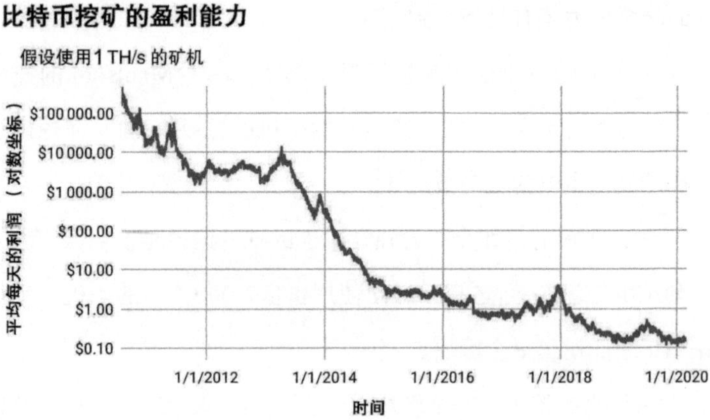

随着“军备竞赛”的持续，任何矿机的盈利能力都将随着时间的推移而急剧下降。你需要不断增强矿机的算力来赚取可观的收入。

数据来源：Bitinfocharts.com

矿池不会增加你的预期收入。从长远来看，你实际上是在赔钱，因为矿池要收取所有挖矿奖励的1%~3%作为服务费。但矿池确实能使你的收入平稳，这是有帮助的，例如，大多数人宁愿每年赚100美元，也不愿有1%的机会每年赚1万美元。

云挖矿

要加入矿池，需要你有自己的硬件设备，而这代表着高昂的前期成本。对于更业余的矿工来说，云挖矿是一个更新的选择：你只需要从专业人员那里租用矿机，然后利用租来的矿机挖矿，从而获取利润。运营云挖矿平台的公司负责购买、维护和升级矿机。

云挖矿确实很像云计算。云计算就是，你可以从Amazon Web Services（简称AWS）或Microsoft Azure等专门的云服务提供商那里租用存储空间和计算能力，而无须自己运行服务器。（顺便一提，AWS不允许客户使用租用的服务器来挖掘比特币。）

除了较低的进入门槛，云挖矿还节省了许多成本。首先，云挖矿非常高效，因为它受益于规模经济。云挖矿不是搭建一堆小的矿机，而是建立巨大的矿场，利用几十台或几百台ASIC矿机一起挖矿。这使得它们能分摊散热、安全和储存所产生的高额固定成本。

其次，云挖矿还可以让你将挖矿外包到世界上更有利于挖到比特币的地方。比特币挖矿最大的成本来自电费。遗憾的是，对于比特币爱好者聚集的高科技中心，其电费往往也最高。另外，对消耗能源巨大的矿机进行散热是另一个主要的挑战。当然，拥有强大的互联网是必不可少的，因为你的矿机每脱机一秒，你就少挖矿一秒。

在一个比特币矿场中，有数百台ASIC矿机，这些矿机整天除了挖矿什么都不做。
来源：维基媒体

因此，拥有便宜的电费、寒冷的气候和便捷的互联网的地方（大致按重要性降序排列）非常适合比特币挖矿。非常便宜的煤电和不断增速的互联网使中国成为最受欢迎的比特币挖矿地。据估计，有80%的比特币都是在中国挖出的。

更冷的北部地区也深受云挖矿公司的青睐。冰岛有丰富且便宜的地热资源，魁北克省有丰富的水电资源（北美其他地区的电费比魁北克省贵两到三倍），俄罗斯有廉价的核电和水电。事实上，由于魁北克省的云矿工使用了大量的电力，以至该省在2018年暂时停止向矿工售电，因为他们需要为魁北克省的居民保留一些电力。

冰岛的一家地热发电厂，它利用地热发电。比特币矿工喜欢在冰岛挖矿，因为冰岛的地热既便宜又充足。来源：维基媒体

云挖矿最大的缺点是，许多提供这种服务的公司是骗人的：一些云挖矿公司向你出售长期订阅服务，但运营几个月后就停止了运营。对于其他的云挖矿公司，其中一部分是用假地址匿名注册的，并为介绍新客户的人提供可疑的高额“佣金”。著名的比特币开发者加

文·安德烈森曾追踪这些可疑的公司，声称“很多云挖矿公司的业务都是庞氏骗局”。

云挖矿的另一个问题是经济方面的。因为云挖矿几乎没有进入门槛——只要在一个网站上进行注册，你随时可以挖矿。经济学家认为，从长远来看，云挖矿对所有参与者来说都是无利可图的。为什么呢？如果云挖矿的收益高于成本，人们就会涌向云挖矿，这会加剧竞争，降低收益，最终导致预期收益再次变为零。（这是一个完全竞争市场的典型例子，经济学家认为，从长期来看，完全竞争市场是无利可图的。）

鹤嘴锄理论

即使有了像矿池和云挖矿这样的工具，比特币挖矿对小规模的、单打独斗的矿工来说也不再是一个非常有利可图的项目。或许，从比特币挖矿中赚钱的最佳方式是，向最初淘金热时期的企业家学习。

在离萨克拉门托不远的萨特磨坊发现黄金后，加利福尼亚州掀起了淘金热。来自美国和世界各地的年轻人怀揣着致富梦纷纷涌向该州。但是这些有抱负的矿工的希望很快就破灭了：工作条件艰苦，随着竞争的加剧收入稳步下降，装备又那么贵（以今天的美元价值计算，当时的靴子价值2 500美元），使得赚钱的机会几乎没有。[1]

在淘金热中真正有利可图的是那些将货物卖给矿工的人。来自纽约的商人萨缪尔·布兰南在萨克拉门托开了一家杂货店，靠卖手推

1　与比特币挖矿的发展很相似。

车、帐篷还有鹤嘴锄给矿工，很快就发了财。（他在旧金山的街道上跑来跑去，挥舞着一瓶金粉，刺激了挖矿需求，使得更多的人涌向加利福尼亚州的金矿。[1]）不久之后，布兰南成了加利福尼亚州最富有的人。

1848年，加利福尼亚州发现了金矿，引发了加利福尼亚州淘金热。
来源：加利福尼亚公园和娱乐部

比布兰南更出名的是一个叫李维·施特劳斯的德国移民，他靠卖衣服和纺织品给矿工发了财。（著名的蓝色牛仔裤李维斯直到19世纪70年代才问世，那是在“淘金热”过了很久之后。）

如今的硅谷与淘金热时期的加利福尼亚州并没有太大的不同，这里的企业家已经将这一经验教训铭记于心。流行的鹤嘴锄理论认为，参与最新的技术热潮很难致富，但把相关设备卖给那些参与技术热潮的人是非常有利可图的。虽然你不太可能幸运地淘到金子，但可以肯定的是，许多人试图利用这股技术热潮赚钱，毕竟很多技术热潮的参与者都非常迫切地需要购买设备。

1　顺便说一句，旧金山的布兰南街（Brannan Street）是许多创业公司的所在地。

同样的经验教训也适用于比特币挖矿。虽然比特币矿工并没有获得多少实际利润，但“挖矿热”推高了GPU的价格。GPU是一种计算机芯片，通常用于为视频游戏和3D动画渲染电脑图形，生成科学模型，以及执行其他需要大量计算的繁重任务。

GPU通常被当作低成本、低效率版本的ASIC，因此深受试图赚取额外收入的低预算矿工和游戏玩家的欢迎。美国的GPU制造商AMD和Nvidia公司的股价飙升，因为比特币和其他加密数字货币的矿工纷纷抢购它们制造的芯片。[1]据估计，矿工在2017年购买了300万块GPU，总价值超过7.5亿美元。

还有一些公司通过ASIC赚得盆满钵满。最著名的是北京比特大陆科技有限公司（Bitmain），这是一家中国公司，销售Antminer系列的ASIC矿机。比特大陆目前控制着70%~80%的比特币挖矿硬件市场。比特大陆资金充裕，后来扩展了业务，经营了一家云挖矿公司和多个矿池。比特大陆的最大的两个矿池，蚂蚁矿池（AntPool）和BTC.com，曾一度拥有超过全球一半以上的哈希能力。

因此，如果你是一个希望从比特币热潮中赚钱的小企业家，你最佳的策略可能不是亲自动手挖矿，而是出售数字“鹤嘴锄”。

---

1 即使采用性能最好的GPU，进行比特币挖矿的效率也只是ASIC的几千分之一甚至几百万分之一。所以，这种对GPU的狂热追求是不合理的。不过，对于后文讲到的一些不太流行的加密数字货币，它们是ASIC免疫的，这意味着采用GPU实际上是挖掘它们的最佳方式。

中心化

比特大陆的非凡算力可能引起你的关注，也可能引起中本聪的关注。

这是因为比特币的创立原则，以及围绕比特币而兴起的加密自由主义社区的核心理念就是去中心化。它的理念是，个人应该完全控制自己的资金，不受任何政府（可能还有大公司）的干涉。任何政府或银行都不应该有能力控制比特币的走向。比特币应该摧毁而不是加强现有的权力结构。

但近年来，比特币世界越来越趋向于中心化。一些主要玩家正在吞噬比特币的基础结构，个人（尤其是那些不富裕的个人）越来越难拥有对比特币未来的发言权。

一些节点

比特币的区块链是巨大的：在撰写本书时，它的容量已经超过了250GB，并且每年还要增加50GB。比特币的区块链太大了，很多笔记本电脑已经无法存储了。即使笔记本电脑能装得下比特币的区块链，它也会占据笔记本电脑上过多的存储空间，而这些空间原本可以用来存储照片、文档、游戏等其他比数百万条交易记录更有价值的文件。连笔记本电脑都存储不了这巨量的数据，更不用说我们的手机了。

出于这个原因，大多数比特币用户不会将完整的区块链存储在他们的设备上。相反，他们只在设备上存储部分的区块链，这些存储部分区块链的设备就是所谓的轻量级节点。他们依靠其他人运行的完整节点或存储了整条区块链的计算机，来验证交易并确保新的区块被添加到了区块链上。这样做的风险是，使用轻量级节点的用户不能百分之百确定他们获得的所有交易都是合法的；他们必须信任完整节点的所有者。

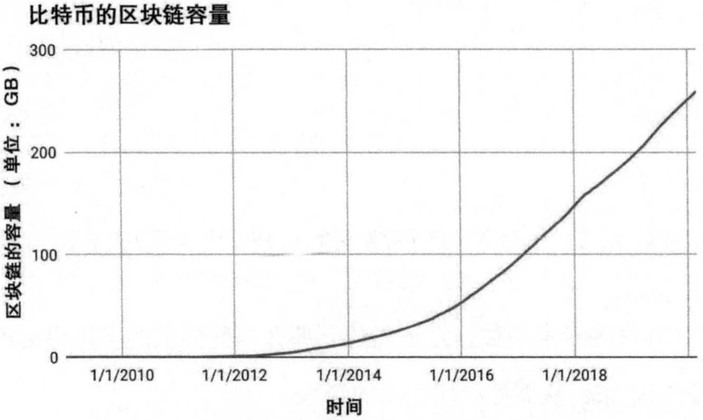

随着交易数量的增多，比特币的区块链容量稳步增加。
数据来源：Blockchain.com

问题是，维护一个完整节点是没有报酬的，但完整节点对比特币的运行至关重要，因为它们是唯一存储正式区块链的节点。专家表示，由于缺乏金钱激励，而且维护完整节点的难度越来越大，这意味着一般的比特币用户不会再维护完整节点。相反，完整节点将由矿池公司、像比特大陆这样的ASIC制造商、云挖矿公司等几家盈利颇丰的大公司维护。

很难确切知道是谁在运行这些节点，但已经很清楚的是，尽管人们对比特币的兴趣日益浓厚，但完整节点的数量没有继续增加。在撰写本书时，比特币完整节点的数量还维持在过去两年的1万多个。

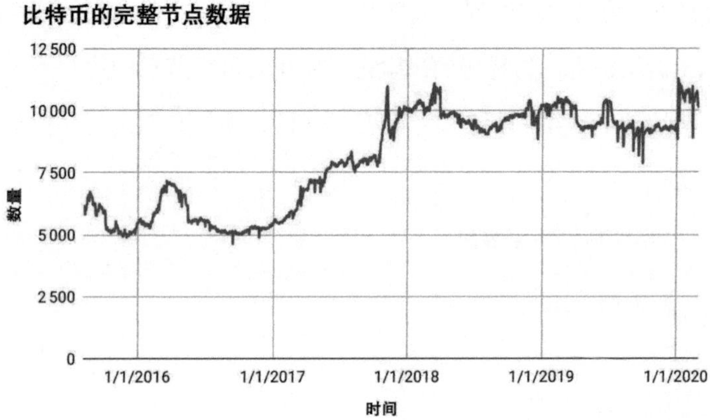

自2018年以来，比特币完整节点（存储整条区块链的计算机）的总数一直变化不大。数据来源：CoinDance

如果这些专家的数据是正确的，那么一些强大的实体将真正控制区块链的未来，从而控制比特币的未来。

相同的软件

比特币中心化的第二个例子体现在完整节点所运行的软件上，即所谓的比特币客户端。在撰写本书时，比特币客户端Bitcoin Core在97.5%的完整节点，即10 605个节点中的10 341个上运行。排名第二的比特币客户端Bitcore只在111个完整节点上运行。

事情并不一直是这样的，其他比特币客户端在过去也有一定的竞争力。2015年，Bitcoin XT在超过1 000个完整节点上运行，占当时所有完整节点的15%以上。Bitcoin Classic的运行量在2016年达到峰值，它在超过2 000个完整节点上运行，占比达30%。在撰写本书时，只有2个完整节点在运行Bitcoin XT，3个完整节点在运行Bitcoin Classic。自从2018年年初比特币客户端比特币无限（Bitcoin Unlimited）倒闭以来，Bitcoin Core就没有遇到过任何激烈的竞争。

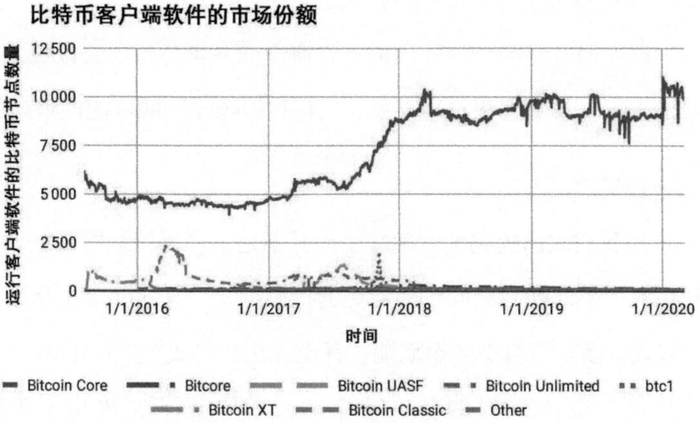

在过去，比特币客户端软件的市场竞争相当激烈，但Bitcoin Core很快就击败了竞争对手。数据来源：CoinDance

事实上，当比特币无限倒闭时，运行Bitcoin Core的完整节点的数量并没有发生太大的变化。很难从中推断出因果关系，但令人不安的是，Bitcoin Core在击败最后一个竞争对手后就停止了扩张。它可能已经成了垄断企业。

由某款软件占据主导地位不一定是坏事。但令人不安的是，Bitcoin Core背后的团队主要由一家名为Blockstream的区块链公司资助。更令人不安的是，Blockstream公司雇用了大量的Bitcoin Core团队的核心成员。

虽然Bitcoin Core团队说，它有一个庞大而繁荣的程序员社区，但据The Verge[1]网站报道，Bitcoin Core的代码非常复杂，出错的风险非常

1 The Verge是一家美国科技媒体网站，成立于2011年11月1日，办公地点位于纽约曼哈顿。The Verge网站提供新闻、产品评论、播客、视频等内容。

高，只有少数程序员可以理解整个系统并改正错误代码。

这让所有支持去中心化的人感到担忧：比特币的核心软件主要由一小群人拥有和维护，而这群人受雇于同一家公司。可以想象，由Blockstream公司引发利益冲突和“用户难以操作”的可能性很高。

一些矿池

正如我们之前提到的，独立挖矿并不是一种可持续的赚钱方式。因此，加入矿池毫无疑问是最常见的挖矿方式，这实际上也是默认的挖矿方式。新矿工被引导至矿池，甚至无法注册成个体矿工。

然而，令人惊讶的是，哈希能力集中到了少数几个矿池手中。而最顶尖的矿池总是处于竞争关系。一些矿池会出现，一些矿池会倒闭，但是，我们发现，最顶尖的15家矿池挖出了大约95%的比特币区块。另外，前5大矿池控制了60%~75%的哈希能力。

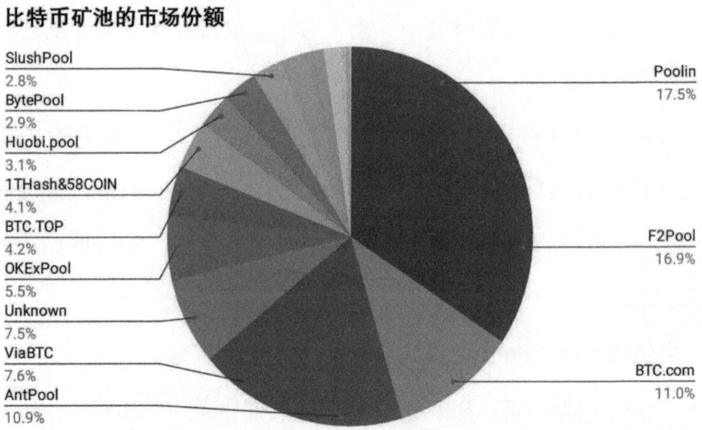

在撰写本书时，排名前4的矿池控制了约56%的哈希能力，这意味着它们挖出了56%的区块。数据来源：Blockchain.com

在某些情况下，一些实力雄厚的矿池可以控制整个比特币网络的大部分或接近大部分的哈希能力。2014年，现已不存在的矿池GHash.io控制了比特币网络总哈希能力的55%，而比特大陆的矿池（BTC.com和蚂蚁矿池）曾经拥有比特币网络总哈希能力的42%。

这些事实之所以令人担忧，不仅因为垄断企业通常存在的问题，还因为51%攻击的威胁。前文提过，任何控制比特币网络一半以上哈希能力的个人或实体都可以从区块链主链上创造一条分支，使其创造的新链成为最长链，这将使他们能篡改交易的历史记录并窃取资金。个人永远不可能获得这么强大的哈希能力，但正如GHash.io和比特大陆的故事所显示的那样，矿池可以轻易控制比特币网络一半以上的哈希能力。

截至目前，比特大陆从来没有达到过控制比特币网络51%的哈希能力的基准。但GHash.io达到过此基准。为了平息比特币社区中的紧张情绪，GHash.io的CIO发誓决不发动51%攻击，并且保证将GHash.io的哈希能力限制在40%。

比特币当时躲过了一劫，但从那以后，比特币用户一直对比特币矿池将控制的哈希能力心存恐惧。

中国的管控

中心化的另一个惊人之处在于，大多数顶级矿池都位于中国。在撰写本书时，中国的矿池控制着比特币网络80%的哈希能力，从而挖出了全球80%的比特币，这一数字与历史估计相符。

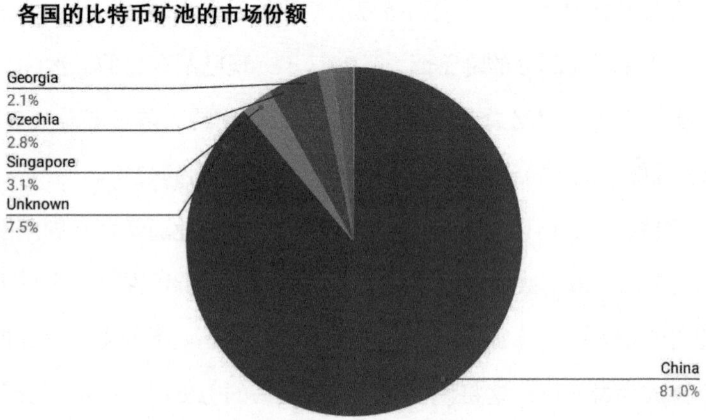

最热门的矿池大多是中国的：币印矿池（Poolin）、鱼池（F2Pool）、BTC.com、蚂蚁矿池、ViaBTC、BTC.TOP、1Thash&58COIN、OKExPool、百特矿池（BytePool）和WAYI.CN。其他国家几乎没有矿池。数据来源：Blockchain.com

在撰写本书时，最大的非中国矿池是新加坡的火币矿池（Huobi.pool）。火币矿池控制着比特币网络总哈希能力的3%。火币矿池的控股公司火币公司是在中国成立的，至今仍与中国保持着密切的联系。最大的与中国无关的矿池是捷克的SlushPool，它只控制着比特币网络2.8%的哈希能力。

前文说过，中国公司比特大陆还占据了70%~80%的比特币挖矿硬件市场。

这里的问题是，中国政府对国内顶级科技公司实施了监管。这意味着中国政府可以审查比特币网络，限制挖矿，或者以其他方式影响比特币生态系统。

一个强大的中央政府和几家大公司可以控制比特币的未来。这显然不符合中本聪最初的设想。

第 4 章

山寨币

尽管加密数字货币可能带来执法和监管方面的风险，但是它们可能在某些领域具有较好的发展前景，特别是当它们能够促使支付系统向更快速、更安全、更高效的方向发展的时候。

——本·伯南克，美联储前主席

比特币并不是唯一的加密数字货币。目前有超过2 000种同类型的加密数字货币，即山寨币，它们都有自己的特点及挖矿算法，有些甚至有自己的区块链。一些山寨币是专门针对特定类型的支付的；一些旨在建立一个App平台；还有一些只是为了改善比特币的缺陷。随着时间的推移，加密数字货币的应用范围变得越来越大。2015年，比特币控制了加密数字货币市场90%的份额，而在撰写本书时，比特币在加密数字货币市场的份额刚刚超过60%。

比特币的分叉

2016年，比特币的早期开发者、谷歌前工程师迈克·赫恩称比特币是一次失败的尝试，因为它存在很多缺陷。

- 低容量。大约每秒钟只能完成3笔交易。
- 难以预测的交易费用和等待时间，特别是在交易量大的时期。
- 少数矿工（主要来自中国的矿工）掌握着非同寻常的控制权，在赫恩看来，他们拒绝做出一些能让比特币变得更受欢迎的改变，因为这会损害到他们的采矿利润。
- 比特币社区在所有事情上都无法达成一致，包括增加区块容量这个大众修正案。而这个改变将使比特币能够以更少的费用和更短的等待时间来处理更多的交易。
- 在比特币社区，有关增加区块容量的争论，引发了对出现在官方比特币板块、论坛和网站中的反对意见的广泛审查。

赫恩沉思片刻后说道："你会放心使用一个有这些缺陷的支付网络系统吗？我想，答案是'不会'。"

比特币现金

赫恩认为，比特币的这些缺陷是无法修复的，因为比特币社区的功能失调，以及少数有权势的人对比特币的未来发展趋势的控制。因此，他决定采取饮鸩止渴的方法，在2017年对比特币进行一次硬分叉，把比特币一分为二。

硬分叉一种加密数字货币，就像一个人因为不喜欢《哈利·波特》系列最后3本书的故事，然后动手编写属于自己的版本。他的《哈利·波特》系列故事将和J.K.罗琳的官方系列共同使用《哈利·波特》系列故事的前四本书，所以它们会有同样的故事发生背景、主要人物和情节要点。但在第四本书之后，这两个系列将会分道扬镳，走上完全不同的发展道路。在剩下的三本书中，两个系列都介绍了自己的人物角色和故事情节。

赫恩在对比特币硬分叉时做了一些与改写《哈利·波特》系列故事非常类似的事情。他将自己的新的加密数字货币命名为比特币现金（Bitcoin Cash），与比特币共享2017年前的区块链，因此过去所有的比特币交易，包括中本聪的创世区块和汉尼什的比萨，都被写入了比特币现金的官方发展史册。但是所有在硬分叉后挖掘的比特币区块都不会成为比特币现金区块链的一部分，而所有在硬分叉后开采的比特币现金区块也不会成为比特币区块链的组成部分。

赫恩对比特币无法扩容的事实感到沮丧，所以比特币现金区块容量在比特币区块容量的基础上增加了8倍，并且可以随着时间的推移自主选择是否做进一步的扩容。这样做的结果是，比特币现金的较大区块将被主流的比特币软件拒绝，而比特币现金也会拒绝较小的比特币区块，这使得两个区块链不兼容。（像这样的向后不兼容的变更被称为硬分叉，而向后兼容的变更被称为软分叉。）

不过，比特币的许多关键部分在比特币现金中保留了下来。例如，这两种加密数字货币的区块奖励都在逐渐地减少，这一现实将导致待挖掘的币量不超过2 100万枚。赫恩保留了他认为有用的比特币的特征，而把他不喜欢的部分丢掉了。这种灵活性使得硬分叉对有强烈主见的加密数字货币领导者具有很强的吸引力。

每当有分叉发生，所有持有比特币的用户都会拥有相同数量的比特币和比特币现金。只要钱包软件支持比特币现金支付的人都可以通过这种分叉免费获得双倍的比特币。尽管（也许是分叉的结果）每枚比特币现金的价值一直都是0.03~0.25枚比特币。

由此可见，比特币“内战”的结果是比特币的解体，渴望变革的人选择了比特币现金，而希望维持现状的人选择了比特币。发展到现在，比特币和比特币现金的区块链、软件、社区、开发者和路线图都已经不同了。

所以，是谁“赢了”？你可以说，是比特币现金赢了，因为它赢得了“独立性”，并且争取了一部分原属于比特币的支持者。但是在硬分叉之后，比特币现金的市值仅为比特币的5%。

分叉后的再分叉

有趣的是，在2018年，比特币现金本身又有了硬分叉。由当时颇有争议的克雷格·莱特带领一小群开发者，用比特币现金创建了比特币SV。莱特认为，比特币现金与中本聪对比特币的最初设想相去甚远，而比特币SV事实上是更接近中本聪在其具有开创性的白皮书中提出的比特币概念的一种加密数字货币。

很少的矿工选择放弃比特币现金，很少的交易所选择卖出比特币SV。因此，人们普遍认为比特币SV是这场小型“战争”中的输家。但是，加密数字货币世界的美妙之处在于，对于任何加密数字货币，无论它多么不受欢迎，都可以继续存在。

2020年2月，比特币SV进行了硬分叉以实现一种名为“创世”（Genesis）的升级，这让事情变得更加复杂。纯粹主义者表示，这将使比特币SV更接近中本聪在比特币白皮书中所阐述的内容。对比特币SV来说，幸运的是，几乎所有的矿工都支持并参与了这次升级。

我们的结论是，加密数字货币世界是混乱的、动态的、充满良性竞争的。在我们看来，“可分叉性”是加密数字货币的最佳特性之一，它证明了加密数字货币的优点是其整个开发过程及代码和辩论都是公开进行的。与之相比，我们无法剥离出亚马逊或优步等受欢迎的产品，选择保留其中的部分代码，而丢弃自己不喜欢的功能。你甚至看不清它们背后的运营逻辑和路径。

以太坊

然而，世界上最著名的山寨币与比特币及其相关的“内战”几乎没有任何关系。这种山寨币被称为以太坊，它认为加密数字货币不仅仅是一种支付工具或投资工具。

2013年，年仅19岁的俄裔加拿大计算机科学家维塔利克·布特林在一份白皮书中首次提出了以太坊的概念。布特林的想法是，区块链不仅仅可以记录交易，还可以运行代码、托管App、存储数据，并真正地进行所有类型的计算。

智能合约

因此，以太坊将智能合约或基于区块链运行的应用小程序的概念添加到了加密数字货币中。智能合约可以遵循规则并相应地按照指令转移金钱、数据和其他资产。它们就像人一样拥有自己的地址，你可以向它们发出指令（需支付少量费用）以使它们行动起来。在这种情况下，它们有点像区块链上的自动售货机：你把钱投进去，就能买到相应的自己想要的东西。

以赌博为例。想象一下，如果有许多赌徒在美国橄榄球超级碗大赛周日的前一天，用以太币将20美元发送到一个智能合约的地址，并附带自己认为哪支球队会赢的信息。超级碗结束后，智能合约将与ESPN确认是哪支球队获胜[1]，即支持获胜球队的赌徒将赚取一定数量的钱，而失败者将一无所获。而智能合约会留下几美元，作为以太坊创造者的利润。

或者设想一下这样一份基于智能合约的保险。佛罗里达州的一位种植橙子的农民与一位保险代理人达成一致，即如果那年冬天出现毁

---

1 没错，这种赌博性的智能合约并不会完全削减人类机构的权威。它仍然通过查看ESPN来获得橄榄球运动员的比赛成绩。智能合约必须信任非区块链的机构，如本例中的ESPN（也被称为预言机）。

坏农作物的霜冻，保险代理人将支付给农民1 000美元；而如果没有，农民需要支付给保险代理人100美元。也就是说，农民将向智能合约支付价值100美元的以太币，而保险代理人将向智能合约支付价值1 000美元的以太币。

智能合约会在整个冬天检查该地区的天气情况。如果它检测到温度低于0℃，它就会把所有的1 100美元（也许扣除其中很小的一部分作为手续费）支付给农民。但是如果整个冬天都过去了，而气温从未低于冰点，智能合约就会将所有的1 100美元（扣除一定的费用之后）支付给保险代理人。

智能合约还有很多其他的用途，比如，拍卖、投票、众筹等。智能合约的非同寻常之处在于，它们总是按预先设定的方式运作，即一旦启动，人类就无法扰乱它们的行为。更重要的是，许多智能合约都是开源式的，这意味着任何人都可以看到它们运行的代码。因此，智能合约就像一台透明的自动售货机：你不仅知道自己将得到什么，而且知道机器是如何进行分配的。

如果你使用智能合约，你就不必相信任何人或机构，比如说那些臭名昭著的、见不得人的押注者，或者那些以令人眼花缭乱的保单来忽悠人的、政策混乱的保险公司。这将比特币“削减中间人”的理念又向前推进了一步。

很大程度上来讲，不必相信公司或机构可能就是一种解放。比如说，如果你在一个你从未听说过的电子商务网站上发现了一双好鞋，你可能对在这个网站上付款购买感到有点犹豫，因为你不能确定这个网站是否会把鞋子寄给你。但想象一下，如果这个网站采用智能合约：你把钱放进一个罐子里，只有当联邦快递或UPS告诉你包裹已经到达你家时，钱才会被转给这个网站。这时你就会毫不犹疑地使用这个网站。（你仍然需要相信联邦快递或UPS，所以智能合约在去中心化方面还是有漏洞的，但这比只相信有问题的网站要容易得多。）

这并不是说智能合约是没有任何瑕疵的。正如一位评论家所说的，它们既不够智能也不够划算。也就是说，“智能”的事物能够处理所有意料之外的情况。智能合约是由机器人操纵自动运行的，只能处理写入其代码中的内容，因此无法适应环境的变化。如果橄榄球超级碗大赛因为某种原因而推迟了，那该怎么办呢？如果有人持有可信的证据进行作弊指控，拉斯维加斯决定取消所有赌局，结果又会怎样？智能合约无法处理这些或所有其他可能出现的类似问题。

而且，“合同”具有法律约束力；如果合同内容有争议或有人违反了合同约定，你就可以将其告上法庭。但是，在我们上文中提到的橙子保险案例中，如果智能合约监测到的温度是-0.5℃，而保险公司的数据显示温度是0.5℃，这种时候该怎么办？换句话说，如果智能合约决定支付果农的赔偿款，但是保险公司不愿意的话，它该怎么处理呢？目前的情况是，没有办法解决争议，智能合约将只执行其代码中需要执行的操作。

因此，尽管智能合约不会像许多以太坊的支持者所希望的那样，让人们彻底摆脱律师或法院，令人遗憾的是，甚至连庄家也没法摆脱，但它们是一种有趣的新型计算模型，是一种可以在不那么充满法律或金钱问题的环境中得到应用的计算机程序。

DApp

你可以将智能合约整合在一起，制造出一种更复杂的基于以太坊的App，即所谓的去中心化App，或者可以称其为DApp。

想象一下，如果你制作了一个DApp版本的YouTube。你可能有一个可以从广告商那里收钱，并且把广告位拍卖给出价最高的竞标者的智能合约，一个可以根据点击率向视频创作者支付报酬的智能合约，一个可以标记侵犯版权的视频内容的智能合约，等等。

因为这种DApp只是一些相互关联的自主自治的智能合约，所以它就像上了发条的时钟一样，不需要人工干预即可正常运作。你可以把它想象成一个巨大的自动售货机。你可以在不拥有YouTube公司的情况下重新创建YouTube的大部分功能。通过关闭YouTube，这个DApp可以消除频繁的政策变化，这些政策变化通常会让小创作者感到困惑，并且有可能对其业务造成破坏。

类似地，你可以建立一个去中心化的应用商店，通过智能合约来跟踪评论和评分，让开发者上传新的App，从投标广告商那里收取广告费用，并且让他们的App排在靠前的位置，让用户下载App并向开发者付费。这个应用商店也不需要人工干预即可自主运行。它将从应用商店中剔除那些经常推出对用户和开发者不利的新政策的公司，比如苹果公司在应用商店开始禁止某些广告拦截软件时，或者在从所有的App内购买的收益中抽取30%的提成的时候，许多开发者认为这种行为是不公平的。

当然，削减中间人并不总是一件好事。像YouTube、脸书、推特等平台在阻止假新闻方面都做得非常好。亚马逊严厉打击价格欺诈和欺诈性产品。YouTube上成千上万的真人版主通过自己的行为阻止了一些真正可怕的内容，比如暴力、虐待和儿童色情作品。尽管苹果公司因为其应用商店的处理方式接受了诸多抱怨，但它还是屏蔽了一些推广“跟踪”（stalking）和“青少年吸烟”（youth vaping）等内容的应用。

更重要的一点是，算法可能也和人一样“无情”。如果你曾在优步或来福车上见识过残酷的峰时价格，你就会明白我们想要表达的意思。而且，如果脱离了人工的监控，算法可能做一些有悖公平的事情。

例如，当2020年1月西雅图市中心发生枪击事件时，公共交通被迫停运，随着寻求逃离该地区的人们的数量激增，优步和来福车的价格自动开始飙升。有报道称，当时离开市区需要100美元。这些打车公司因为涨价受到了广泛的批评，虽然这种价格机制是有一定道理的，但是它们还是在事后很快就给那些坐高价车的人退了钱。如果优步或来福车以DApp的形式运营，就没有办法纠正这个错误。

就像赚钱一样，中间人也会带来一定的成本和收益。彻底摆脱它们并不总是一件好事，但对于DApp，在摆脱它们有正向意义的情况下，至少有一个替代中间人的选择存在。

App的生态

事实上，的确有一些有趣的基于以太坊的DApp。Storj允许企业向用户付费，让它们将文件存储在用户的笔记本电脑的闲置空间中。Golem允许科学家和艺术家们从大众使用的笔记本电脑中众筹计算能力，以处理一些过于庞大的数据集，为电影渲染计算机图形。Augur是一款去中心化的有预测功能的App，让人们针对未来事件的结果进行赌注交易，例如，即将举行的选举的获胜者是谁，或者一个国家今年的国内生产总值将增长多少。

所有这些DApp背后的初创公司都会从在它们的平台上发生的交易中进行分红抽成，但除此之外，它们不会也不能干涉在平台上发生的交易。对于我们提到的App，这种行为是不会存在任何损失的，所以缺少中间人并不是一个大问题。

谜恋猫

我们不应该忽视第一个登上头条的以太坊DApp，它也可能是有史以来最受欢迎的DApp：一款名为谜恋猫（CryptoKitties）的虚拟养猫游戏。

在谜恋猫的软件上，你可以用以太币买卖猫，还可以让你的两只猫繁殖出一只继承了父母双方某些特征的小猫。2017年，谜恋猫开始变得非常受欢迎。曾经有一段时间，在以太坊的全部交易中，有15%是关于谜恋猫的智能合约。事实上，这款游戏变得非常受欢迎，以至于使以太坊的网络过载，减慢了其他业务的交易速度。在最严重的时候，有30 000笔以太坊交易因为谜恋猫被搁置，等待处理。

此外，谜恋猫的周边经济也很繁荣，粉丝们写了各种各样的解释该如何优化猫的饲养方式的指南，并且因此赚到很多钱。有一只猫的售价超过了11.3万美元，这使得当时的媒体将其戏称为“数字豆豆娃”。

待出售的谜恋猫。在撰写本书时，每只谜恋猫的价格为15~100美元。

来源：格雷格·麦克马伦

尽管谜恋猫的繁殖算法和商业模式都很复杂，但真正有趣的是它的所有权模式。在像《堡垒之夜》这样的普通游戏中，游戏的运营者会追踪你在他们的服务器上所拥有的物品。如果该游戏退出市场了，或者运营者出于某种原因决定拿走你在他们服务器上的物品，你在该游戏中所有的虚拟物品都将消失。

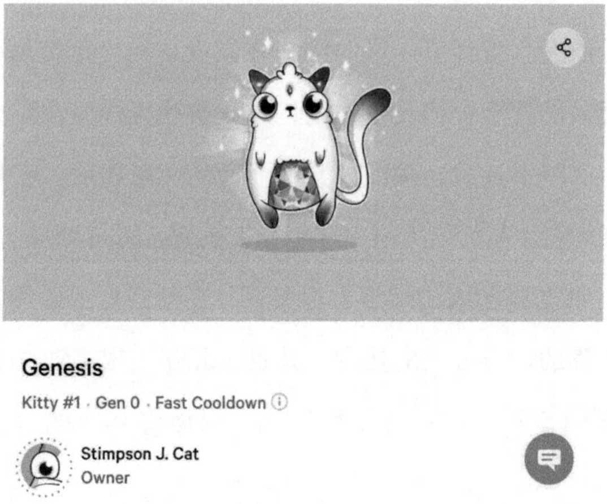

图示为第一只谜恋猫。2017年，它以11.3万美元的价格售出。

来源：推特上的谜恋猫

但是对于“谜恋猫”这款游戏来说，你的虚拟物品的所有权是存储在以太坊区块链上的，所以只要以太坊区块链还存活着（也就是说，只要有人在某处运行以太坊软件），你就会一直“拥有”这只猫。“谜恋猫”游戏的所有者不能把你的猫从你身边带走，至关重要的一点是，如果有人要对谜恋猫进行分叉，你可以把自己之前拥有的所有的猫都导入这个新的App中。但是你不能在现在的游戏中这样做——你不可能通过将自己的物品导入一个《堡垒之夜》软件中从而生成双份的物品。

这些特性让艺术评论家们开始欢呼，区块链是艺术和文化的潜在未来：终于有一种办法能证明你，而且只有你，拥有一件数字艺术作品。

The DAO

然而，以太坊并不全是好玩的东西和谜恋猫；它本身也是有争议的。争议围绕的是2016年4月成立的一种分散风险投资基金——The DAO（代表分散的自治组织[1]）展开的。潜在的投资者们把钱（以以太币的形式）支付给The DAO，作为交换，他们将得到投票代币。

以太坊的投票代币是所有智能合约（或DApp）都可以制作并分发给用户的虚拟小饰品；用户可以用投票代币进行交易，在某些情况下，还可以用智能合约“赎回”投票代币。这些投票代币就是一个很好的例子。谜恋猫中的猫也被表示为代币。这些代币是根据ERC-20技术标准实施的，所以它们通常被称为ERC-20代币。

1 “DAO”是任何分散公司或其他组织的统称。 The DAO只是这些分散组织中最著名的一个。

不管怎么说，投资者们将使用投票代币对他们想要投资的初创公司进行投票，而成功的初创公司将自动从融到的“资金蛋糕”中分得一杯羹。这是一种全新的风险投资模式：合作人和等级制度都不复存在，民主决策取而代之。

The DAO很快变得非常成功，在28天内从1.1万名投资者那里筹集到了1.5亿美元。但是The DAO背后的智能合约充满了各种技术和安全的漏洞，并且在2016年6月，一位不知姓名的黑客利用其中一个未知的技术漏洞从The DAO的资金库中窃取了360万以太币，在当时的价值大约为5 000万美元。这是一笔巨款，大约是到那时为止所有已经开采的以太币价值的14%。

通常，你不能更改在区块链上已经发生的交易，这是一件好事。但是在这种情况下，它是非常残酷的，因为没有简单的方法可以撤销对The DAO的攻击。唯一的办法就是，对以太坊进行硬分叉并创建一个新的区块链，从而创造一种新的虚拟货币来消除黑客攻击带来的影响。

这导致了在反对分叉和支持分叉的激进分子间的一场大规模的哲学争论。反对分叉的激进分子认为“代码就是法律”，这是加密数字货币圈的一种常见的说法。换句话说，智能合约的程序设计得很糟糕，但它确实按照程序设计的那样执行了工作任务。尽管我们可能不是很喜欢智能合约的做法，但它遵循了所有的规则，所以我们不应该说它错了。在区块链上已经发生的交易是不能被修改的。简而言之，既然我们以某种方式设计了这个系统，就不应该仅仅因为它产生了一个我们不喜欢的结果就将其全部推翻。

支持分叉的激进分子认为，区块链必须为人服务，而不是反过来。他们认为，这种盗窃行为是不道德的，以太坊社区必须将其撤回，以表明这种行为在社区内是不被容忍的。正如我们可以在过去的法律不再满足我们的需要时修改它一样，我们也应该能够在以太坊的部分规则导致了不良结果时对其进行相应的修改。

2016年7月，支持分叉的激进分子对这场争论感到了厌倦，并且决定对以太坊区块链进行硬分叉，以创造出一种新版本的加密数字货币，从而把损失的资金返还给投资者。令人困惑的是，这个新版本仍保留了以太坊的原始名称。

反对分叉的人士仍然只将原始的、未改变的区块链视为官方版本；在原链上运行的加密数字货币被命名为以太经典（Ethereum Classic）。[1]

虽然争论很激烈，但至少找到了一种和平的、建设性的方式来解决问题。同样，硬分叉区块链的功能在这里非常有用。

Brave & BAT

以太坊的ERC-20 代币[2]非常强大。实际上，你可以使用这些代币创建一个全新的加密数字货币。你只需要一个智能合约就可以向用户分发有限数量的代币。此时，只要有人愿意把你的代币换成以太币

1 旧的以太坊成为以太经典；硬分叉后的新版本沿用以太坊的名称。

2 有非ERC-20的以太坊代币，但是ERC-20非常流行，以至于在几乎所有的交易中，“以太坊代币”等同于“ERC-20代币”。

（或美元），反之亦然，你就拥有了一种稀缺的资产，可以四处交易，也可以转换成其他形式的货币。换句话说，你自己拥有了一种货币！

这些代币式加密数字货币的运转与普通的加密数字货币（有自己的区块链）非常相似，只是这类代币不能通过挖掘来生成，它们通常是由其他机构或算法模型分发的。

代币式加密数字货币中最有名的代币之一是注意力币（简称BAT）。BAT是由Mozilla（很受欢迎的Firefox浏览器背后的非营利组织）的联合创始人布兰登·艾奇在2017年创建的。它与艾奇在2015年开发的专注于隐私保护的Brave 浏览器是一同发展起来的。

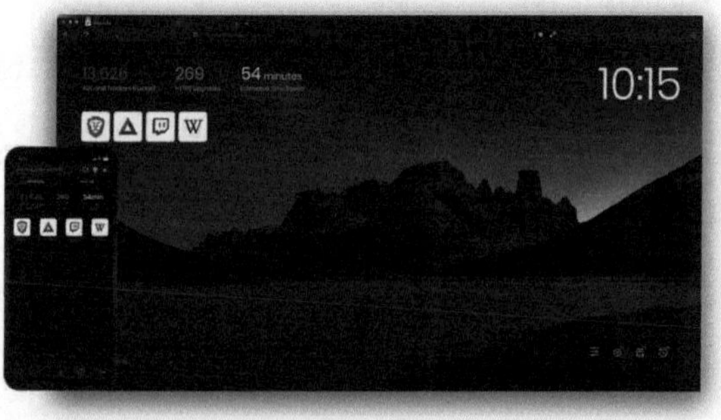

Brave浏览器专注于隐私保护，为用户免费提供注意力币以观看广告。
来源：Brave

艾奇创建BAT的原因是，他对在线广告的呈现方式感到不满意：不断弹出的广告消耗了用户的电池和移动数据流量；用户的浏览行为伴随着一系列的跟踪器；谷歌和脸书占据了市场份额的绝大部分；广告定位技术依然很差。他将这种令人不满意的问题归咎于谷歌和脸书这样的中间人和广告交易平台。

艾奇的想法是削减中间人，让广告商直接付钱给提供广告发布位的组织（或提供广告展示位的一方，如《纽约时报》）和用户。由于主流的网络浏览器不支持内置的加密数字货币支付功能，所以艾奇决定在Brave浏览器中加入这种功能。

支付的基础是“关注”。根据用户对广告的关注程度，Brave浏览器的用户会得到相应的BAT；而根据Brave浏览器的用户对广告发布者投放在该平台上的广告的关注程度，广告发布者也会得到相应的BAT作为奖励。（请注意，你无法挖掘BAT，而需要依靠Brave提供。）

正如你现在所期望的那样，该支付系统是基于智能合约的。当广告客户创建了一个广告时，它会向智能合约支付价值几美分的BAT。当Brave浏览器的用户观看了该广告时，智能合约就会被“解锁”，并且里面的钱就会被支付出去：一部分给用户，一部分给广告的发布者，还有一部分给Brave。艾奇和其公司的人员认为，这个系统与现行的大多数广告系统相比，可以减少欺诈的发生，改进了给广告商和发布者的数据，并且能更好地保护用户隐私。

BAT能否实现大规模的普及还有待观察，但对于网络新商业模式的愿景来说，它是非常有意义的。

目前，所有的激励措施都是错位的：广告商被鼓励尽可能让广告内容更加具有侵入性和干扰性；发布者被鼓励在页面上塞入更多的广告内容；消费者被鼓励安装更多的广告拦截器，因为他们从广告中得到的只有痛苦。

你只需要看看荒谬的广告拦截的“军备竞赛”就可以了解系统的

崩溃程度：首先有了广告拦截器，然后网站开始安装工具以阻止使用广告拦截器的用户隐藏广告页面，而现在又有了针对广告拦截器的附加组件，可以使网站阻止广告拦截器的策略失效。也就是说，先有了广告拦截器，然后有了广告拦截器的“杀手”，再然后又有了针对广告拦截器“杀手”的“杀手”。[1]

但是BAT似乎能够恰当地调整激励机制：当用户观看广告时，相关方都会受益；当广告开始使网站体验变差时，相关方都将蒙受损失。根据这一规则，用户将不会试图安装广告拦截器，（谁会愿意白白浪费免费的钱呢？）广告商也会制作人们真正喜欢的广告，而广告发布者也不会让整个网站被广告内容占满以致用户离开。而这事实上可能是行得通的。

稳定币

比特币的目标是成为一种投资工具，以太坊的目标是成为一个App平台，但另一类加密数字货币（如稳定币）的目标只是成为一个常规的支付系统。

寻求稳定

正如我们在前面所看到的，阻碍比特币成为一个通用的支付系统的三个主要因素是费用、等待时间和波动性。前两个因素所对应的问题通过各种技术升级——记住SegWit和Lightning——或者只是改变

1 我们期待看到网站开始禁止所有使用这些针对广告拦截器“杀手”的“杀手”的所有行为。

挖矿的规则就能很容易地修复。比特币现金旨在通过增加区块的大小来实现这一点。另一种名为莱特币（简称LTC）的山寨币提供了与比特币非常相似的功能，但交易速度更快（挖掘区块的时间只需要2.5分钟而不是10分钟），交易费用也更低（在撰写本书时，莱特币的交易费用是比特币的1/20左右）。所以费用和等待时间都是可以解决的问题。

比特币的波动性是一个更根本的问题：在稳定性与增长性之间需要保持一种平衡，只要加密数字货币专注于增长，那它就不会有稳定性的特征。而如果没有稳定性，你将面临的价格波动会是非常大的——请记得比特币的价格是如何在一天的时间内暴涨或暴跌10%的。一旦这样的波动发生，人们就会犹豫要不要用这种加密数字货币付款。如果你花了100美元买了某样东西，但后来你又意识到自己只要稍微等一段时间就可以获得110美元的购买力，那么这时你会感觉有点郁闷；如果你挣了100美元，却发现它的价值在一天之内就蒸发掉10%，这时你会感觉更郁闷。

固定汇率

与此同时，稳定币明确地将其重点放在保持稳定性上。这种加密数字货币与美元或欧元等法定货币保持固定汇率。最有名的稳定币叫泰达币，每个泰达币（也被称为USDT，意为以美元价值为准）的价格是1美元。还有以日元、欧元和人民币等其他币种的价值为准的泰达币。

在经济学术语中，像这样保持一定的兑换比率被称为固定汇率制。许多国家的政府为了寻求经济稳定，使本国货币与更强势、更稳定的货币间的汇率限制在一定范围内，保持本国货币与更强势的货币间具有固定的汇率。例如，0.709个约旦第纳尔通常值1美元，而1.6个尼泊尔卢比的价值始终与1印度卢比相等。

固定汇率制是通过提供一种简单的交易模式来实现的。央行（或Tether）创建一个货币发行局，这是一种任何人都可以访问并且按照预定的汇率进行货币兑换的银行柜台。例如，尼泊尔有一个货币发行局，它允许任何人以1印度卢比的价格兑换1.6个尼泊尔卢比。在Tether的社区中，任何人在任何时候都可以将1 USDT兑换成1美元。

提供这种交易模式可以确保市场汇率保持不变。如果USDT的市场价格上升到1.01美元，人们就会从Tether的货币发行局以1美元的价格购买大量的USDT，然后在市场上以1.01美元的价格抛售以赚取每USDT1美分的利润，直到市场价格再次下跌到1美元。如果USDT的市场价格下跌到0.99美元，人们就会从市场上以0.99美元的价格购买大量的USDT，然后以1美元的价格卖给Tether的货币发行局，从而赚取每USDT1美分的利润，直到USDT的市场价格在需求的推动下重新上升到1美元为止。

实行固定汇率制的困难之处在于，实行固定汇率的货币发行局必须有足够多的较强势的法定货币，即参考货币，储备在自己的货币发行局中。例如，尼泊尔必须在其中央银行里存有足够多的印度卢比，以确保人们总是能把尼泊尔卢比兑换成印度卢比。如果尼泊尔的中央银行对印度卢比的储备量不足，那么固定汇率制也就会崩溃了。同样地，在Tether的货币发行局中必须有足够多的美元才能维持固定汇率制。

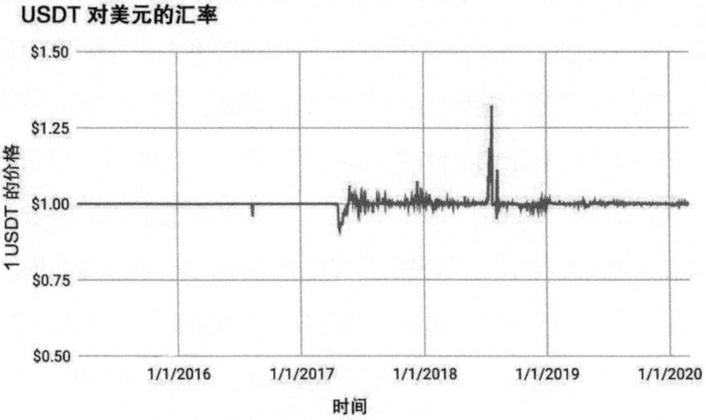

除了2018年有一次反常的事件，USDT的价格一直非常稳定。
数据来源：CoinGecko

多年来，Tether致力于为每个流通中的USDT都保持1美元的储备金。通过这种100%由法定货币支撑的货币挂钩措施，Tether确保了其在任何时候都能够按照承诺的汇率为USDT持有者进行美元兑换交易，即使所有的USDT持有者都将其持有的加密数字货币兑换为美元。（当然，发生这种情况的概率是非常小的，但是如果固定汇率制崩溃，对USDT持有者带来的打击将是毁灭性的。）

在2018年前后，有市场分析人员开始怀疑Tether并不是100%由法定货币支撑的，这意味着该公司可能并不是真的做到了为每个流通中的USDT都保持1美元的储备金。（这实施起来是一项非常艰巨的任务。在撰写本书时，流通中的USDT有45亿个，所以Tether必须在银行拥有45亿美元才能达到100%由法定货币支撑。）2018年，Tether曾试图通过一家外部的律师事务所给出的证明材料来打破这些已存在的市场恐慌，并且证实Tether的确是100%由美元支撑的。

但是在2019年，Tether承认了许多人长期以来一直存在的猜想，即USDT不是100%由法定货币支撑的。在2019年3月，该公司悄悄地更改了其网站信息，宣称USDT是100%由现金、现金等价物（短期存款、债券）和一种组成模糊的“储备金”混合支撑的。该公司的法务人员说，流通中的USDT的美元和现金等价物的支撑率仅为74%，这也就意味着另外26%的支撑是来自那些组成模糊的“储备金”的。

需要再次说明的是，依赖“储备金”（按照我们的设想，应当包括贷款和股票）这一行为本身并不会使USDT变得更不稳定。真正使人们感到恐慌的是，固定汇率制悄无声息地重新踏上了破坏最初构想的道路。

这引出了一个更为本质的问题：货币的稳定性是由一家私营企业（也可以说是一个中间人）的行为决定的。没有Tether公司，USDT就会崩溃。这与区块链和加密数字货币的精神背道而驰：这些技术应该能够在没有人类干预的情况下运行，它们的未来应该由用户决定，并且它们不应该只依赖一小部分人的诚信度。

Dai

然而，Tether有一种去中心化的替代品——Dai，是一种由叫MakerDAO[1]的组织创造的稳定币。

加密数字货币Dai（从技术上讲，属于ERC-20代币）的交易价格

---

1 这个首字母缩略词DAO与我们之前讲过的“The DAO”是一样的（但是它们二者是不相关的）。

为每枚Dai币1美元，但与USDT不同的是，MakerDAO不持有任何的储备金，也没有自己的货币发行局。MakerDAO建立了一个智能的经济系统，它能自动地使Dai币的交易价格维持在每枚1美元左右。

你可以通过使用一种包含债务抵押债券头寸（简称CDP）的智能合约来获得Dai币。你向智能合约发送一些以太坊代币（同样，它们也叫以太币），然后就可以从智能合约那里借一些Dai币。想要拿回你的以太币，你就要把你的Dai币和一小笔利息返还到智能合约。换句话说，你通过将以太币作为抵押品来借Dai币，这笔贷款就是CDP。

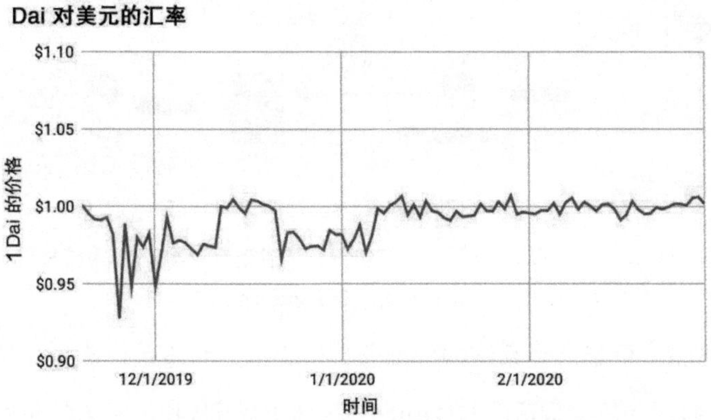

Dai[1]几乎与USDT一样稳定，但是在它的汇率变化趋势中没有出现比较极端的峰值。数据来源：CoinGecko

为了让1 Dai币的价格维持在1美元，该经济系统——被称为目标

1　此图仅考虑Dai的新版本，即DAI币。 DAI的旧版本于2019年退出市场，现在通常称其为SAI。

利率反馈机制——在Dai币价格过高时会降低你需要提供的抵押品数量，而在价格过低时增加你需要提供的抵押品数量。所以，如果1 Dai币的价格上涨到1.05美元，人们就会创造出一堆便宜的Dai币，导致大量Dai币充斥整个市场，这将迫使Dai币的价格回落。如果1 Dai币的价格下降到0.95美元，人们就会返还Dai币来赎回他们的抵押品，以获取中间的利润，从而使市场上流通的Dai币数量下降，这将迫使其价格回升。

因此，Dai币的固定汇率制的运作方式很像一个货币发行局：当汇率过高或过低时，套利者就会赚钱，但在这样做的过程中，他们会将汇率推回到固定汇率制的基准水平。但由于Dai币的固定汇率制是通过智能合约而非公司来维持的，因此它是去中心化的。

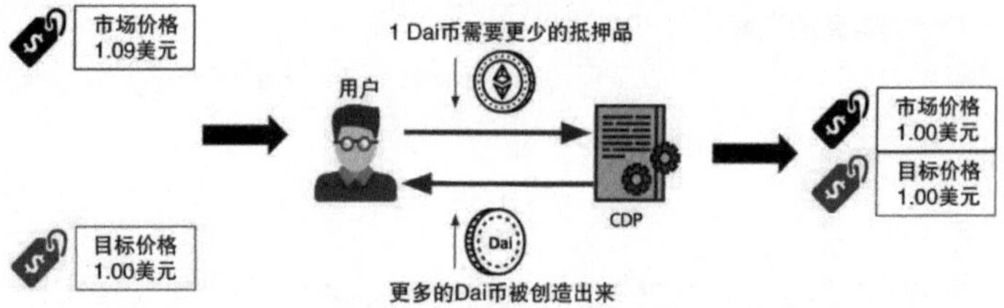

这张图可以说明Dai币的目标利率反馈机制，该机制旨在实现Dai币价格的自动稳定。来源：Sid Shekhar

Dai币只是这个系统的一部分，MakerDAO还运行着另一种称为MKR的加密数字货币。与Dai币一样，MKR币从技术实施的角度来讲也属于ERC-20代币。MKR币的价格是自由浮动的（不稳定），并且你只能用MKR币来支付贷款（CDP）的利息费用。所以，从理论上来讲，用Dai币的人越多，市场对MKR币的需求也就越大，MKR币的价格也就会越高。因此，投资MKR币意味着押注Dai币在市场上将会越来越受欢迎。

币安

中国的加密数字货币交易所——币安——成立于2017年，它已迅速成为全球最受欢迎的加密数字货币交易中心之一，每天可以支持12亿笔交易。其强劲的增长势头应当归功于一个强大的推广项目，该项目为用户提供丰厚的佣金以邀请他人加入，每笔交易都是由他们邀请的人进行的，同时币安倾向于提供小众的但很有前途的加密数字货币（由用户投票决定）进行出售。

币安还运营着一款名为BNB的加密数字货币。如果你使用BNB付款，币安将为你的支付提供交易费用折扣。在BNB投资，就相当于押注币安在市场上会越来越受欢迎。注意到这里存在的一种共同趋势了吗？许多初创的加密数字货币公司提供的加密数字货币的价值直接或间接地与其产品的成功程度相关。它们的作用与股票对普通公司的作用是一样的：是一种既能从投资者那里筹集资金，又能给投资者带来回报的市场化方法。

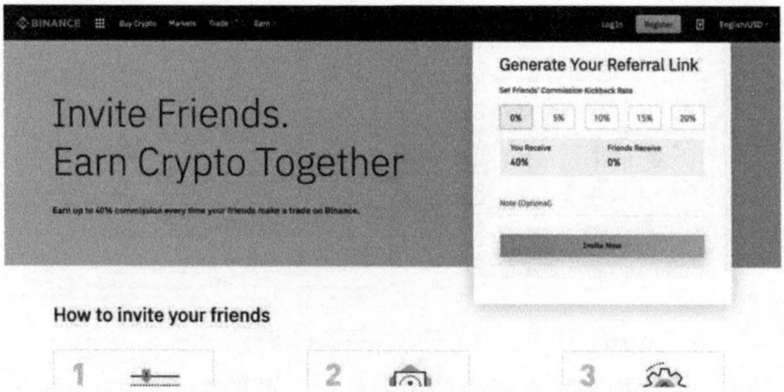

图示为币安推广项目的页面截图。该项目可为用户带来高达40%的佣金，所有交易都是由他们邀请到平台上的人完成的。

来源：Binance

纵横天下

币安并不满足于只运行一家风行全球的加密数字货币交易所。它还运营着一个叫作Launchpad的风险投资部门。该部门允许初创的加密数字货币公司通过向币安用户出售其独特的加密数字货币来筹集资金，且BNB是唯一可接受的付款方式。这些通过加密数字货币进行筹集资金的环节被称为“首次币发行”（简称ICO），即首次公开募股（简称IPO）的加密数字货币版本。

币安还运营着一个属于自己的区块链平台，名为Binance Chain，该平台允许初创的加密数字货币公司创建和发行自己的加密数字货币。Binance Chain是Binance DEX的运营基础，Binance DEX是一种去中心化的加密数字货币交易所（与币安运营的常规的中心化交易所不同）。猜猜看，你可以用哪种流行的加密数字货币在DEX上购买较小众的加密数字货币？没错，它就是BNB。

在众多初创的加密数字货币公司中，有一些会在币安的Launchpad平台上寻求资金支持。其中包括印度的加密数字货币交易所、“跨区块链”金融平台和区块链博彩平台。

来源：Binance

币安还经营着一家慈善机构，向非洲地区的自然灾害的受害者和营养不良的儿童捐款。正如你所想象的那样，这笔钱是以BNB的形式捐赠的。

事实证明，币安的确在建立一个加密数字货币的生态系统，并使用BNB将其联系起来方面是非常擅长的。所以，在撰写本书时，BNB的市值在所有加密数字货币中排名第九也就不足为奇了。

门罗币

正如我们所提到的，比特币并不真的是匿名的。每笔付款都被公开且永久地存储在区块链上，因此任何人都可以看到富人是如何变得富有的，谁与谁进行了交易，以及资金都流到哪里去了。如果你可以将某人的地址与其匹配，你就可以看到他全部的支付记录。这样一来，比特币的用户隐私性比信用卡还要糟糕，因为在使用信用卡时，你的信息至少被隐藏起来了，被普通人在互联网上窥探的可能性是比较低的。

普通人可能无法将你与你的地址相匹配，但是你使用的加密数字货币交易所肯定可以，因此，任何能够对交易所施加控制的政府也都可以。2017年，美国国税局迫使Coinbase交出购买或出售过大量比特币的人的姓名和比特币地址。有了这些信息，美国国税局就可以识别并追查逃税者。在这种情况下，这可能是一件好事，但令人担忧的是，政府可以如此轻易地打破“匿名性”。

比特币生态系统已经有了一些隐私保护措施。例如，鼓励人们在每次进行交易的过程中使用新的地址，并且提供比特币不倒翁（Bitcoin tumblers），它可以将你的比特币与他人的比特币混合，然后随机返还，这样就很难追踪你的比特币来自哪里了。不过，这些都是可选的快速修复程序，而且在比特币的设计中并没有考虑用户的隐私保护问题，因此评论家们都称这些措施是针对漏洞的“创可贴”。

隐私币

在浏览器中输入门罗币，搜索结果会显示这是一款试图做到完全私密和匿名的山寨币。门罗币通常被称为隐私币，它使用一种叫作“CryptoNote”的技术来为每笔交易的发送者和接收者的身份进行保密。

CryptoNote通过两种主要技术实现了这一目标。首先，每笔交易都有多个潜在的发送者。这种技术被称为环签名，它可以掩盖真正发送者的身份。其次，使用隐身地址来模糊接收者的身份，即每个接收者都会自动获得本次交易的一次性地址，只有拥有隐身地址的人才能最先看到该交易的发生。

因此，虽然所有门罗币的支付信息的确都存储在区块链中，但是公众无法查看任何交易的发送者或接收者究竟是谁。也不存在关联交易的方法，所以，当你把钱支付给某人后，你无法知道对方是否或在何时花了这笔钱。（而这两种情况在比特币的交易中都是可行的。）

当然，完全匿名也存在一定的弊端——它可以更有效地帮助犯罪分子逃避审查。所以，使用勒索软件的犯罪分子开始要求受害者以门罗币而不是比特币来付款也就不足为奇了。另外，控制超级计算机的黑客也往往更喜欢用这些机器来挖掘门罗币，而不是比特币。

加密劫持

也许，门罗币最著名的，也最阴险的用途就是利用网页浏览器进行挖矿。你可以在网页浏览器上运行一段JavaScript代码——类似于让Spotify和谷歌Docs这样的网站具有交互性的代码——来挖掘门罗币。

这在技术上是可以实现的，因为门罗币的挖矿算法具有ASIC免疫。比特币的挖矿算法只关心一台矿机每秒能处理多少万亿个哈希，而门罗币的挖矿算法要求计算机在挖矿时使用大量内存（简称RAM）。请注意，ASIC擅长重复运行简单的计算，不需要普通计算机同时运行多个应用程序、选项卡和游戏所需的大量RAM。

因此，一台普通的计算机，只要配有像样的CPU和GPU，就应该能够很好地挖掘门罗币，而用ASIC矿机来挖门罗币可能效果非常糟糕。（当然，这是一个脆弱的系统——挖矿公司曾经发明了特殊的ASIC来破解门罗币的挖矿算法，迫使门罗币对其算法进行紧急调整，从而引发了一场“军备竞赛”，但不管怎样，门罗币的确比比特币具有更强的ASIC免疫能力。）

而且，由于门罗币的挖矿算法非常容易在普通计算机上运行，所以即使普通计算机中的网页浏览器也可以挖掘门罗币。因此，在2017年，一家名为CoveHive的初创公司开始允许网站所有者在其网站上嵌入一小段可以用来挖掘门罗币的代码（用JavaScript编写）。访客在使用浏览器访问嵌入了挖矿代码的网页时会自动挖掘门罗币，并且将其发送给网站的所有者。

一台由英伟达的GeForce GTX GPU支持的功能强大的游戏计算机。
这种计算机可能很难挖掘比特币，但它们非常擅长挖掘门罗币等
具有ASIC免疫的加密数字货币。
来源：维基媒体

从理论上讲，这是一个很有意思的想法：网站所有者可以从网站上获利，而不必依赖恼人的、无孔不入的广告来赚钱。游戏软件也可以通过向其用户提供虚拟商品（如额外的复活机会或金币）来获得额外的收入来源。（用户需要让浏览器帮助游戏的开发者挖矿。）

问题在于，CoveHive并没有被用来帮助创建新的网络商业模式。相反，它被一些试图以不道德的方式赚钱的卑鄙人物所利用。2017年，风靡一时的数字盗版网站“The Pirate Bay”开始在访客不知情的情况下在他们的浏览器上运行CoveHive，也不给访客任何的回报。这其实并不是一个无害的小把戏，因为所有的挖矿活动都会使运行网页浏览器的计算机发热，使计算机的散热风扇开足马力，从而耗尽访客计算机的电池（对于笔记本电脑来说）。

这种将访客的浏览器劫持给一个可疑的运营商来挖掘加密数字货币的非法操作被称为“加密劫持”，它迅速发展成互联网的一大祸

害。加密劫持也是非常有利可图的，据估计，一个网站运营商通过加密劫持，每月能赚取超过30万美元。

黑客也利用了加密劫持技术。2017年，有黑客入侵了“Showtime”网站，并且悄悄安装了一个加密劫持的小程序，这样黑客就可以从“Showtime”网站数百万访客的浏览行为中获得门罗币。2018年，黑客对《洛杉矶时报》的网站发起了类似的攻击。黑客的攻击行为变得如此普遍，以至于网络安全分析师们开始把加密劫持视为他们需要追踪的头号恶意软件。

你可以看到为什么加密加持者喜欢门罗币：它很容易通过浏览器进行挖掘；它是完全匿名的，因此骗子们可以不留任何痕迹就实现目标。这说明了加密数字货币的一个基本矛盾：任何旨在提高隐私性和匿名性的事情——通常都是好事情——最终对犯罪分子的帮助比对任何普通人都大。

第5章
公有区块链

区块链是计算机科学领域最伟大的创新——在分布式数据库的概念中，信任是通过大规模的协作和巧妙的代码建立起来的，而不是通过执行身份验证的强大的机构。

——唐塔普斯科特，《区块链革命》的作者

经过多年的不懈努力和数十亿美元的资金投入，除了货币投机和非法交易，没有人真正地了解区块链的用途。

——卡伊·斯汀康比，True Link Financial的联合创始人

现在，我们已经深入探讨并研究了加密数字货币的世界，是时候把我们的注意力转向区块链了。具体来说，我们将从公有区块链开始，这是一个任何人都可以构建并供大众使用的App平台。（在下一章中，我们将探讨与之相反的情况——私有区块链，用于实现公司或组织的内部目的的区块链。）目前，公有区块链仍然处于初期阶段，但用它们构建的一些App已经经历了一些值得注意的成功和失败。

线上投票

投票机很容易被黑客攻击这件事已经不是什么秘密了。专业人士（如黑客）能够利用投票机的众多安全漏洞，在几分钟内黑入投票机内部。然后，黑客可以打开或关闭投票机，查看投票，并且随意更改投票数。更重要的是，美国许多州的投票机甚至没有记录投票的纸质记录，所以也就没有办法知道某台机器是否受到了黑客攻击。

在通常情况下，投票机也无法正确地将选票结果制成表格。2000年，佛罗里达州沃卢西亚县的一台投票机“给”了一位候选人-16 000张选票。（没错，是反对票。）许多当权者也经常被指责，即为对手投出反对票或少算了对手的选票。

投票的方式似乎也停留在过去。如果你可以通过网络完成从股票、交易到日常购物等所有事情，那你有什么理由必须一路跋涉来到投票站并排队数小时投票呢？爱沙尼亚已经实现了线上投票，但这并没有普及所有地方，因为线上投票很容易被黑客攻击。在华盛顿特区进行的一次线上投票实验中，一群研究人员设法完全控制了在线投票软件，改变了所有的选票，并且在确认投票的页面上播放密歇根大学的战歌——所有这些都是在48小时内完成的。

在理想情况下，我们应该有一个投票系统，该系统能够对每个候选人获得的选票进行严格的、透明的统计；投票结果是不可能被篡改的；该系统可以在线工作。如果你觉得这听起来像区块链可以实现的功能，那么你的想法是对的。

区块链和选举

因此，许多初创公司和研究人员都提出了在区块链上进行选举的想法。让我们来解释一下这意味着什么。

利用区块链投票的想法是依赖代币的，代币是可以在区块链上跟踪其流动方向的数字资产。在最受欢迎的公有区块链平台以太坊上，任何App都可以向用户发送代币，用户也可以向其他用户发送代币，就像他们发送以太币（以太坊的加密数字货币）一样。

任何有价值的东西都可以换成代币——例如，如果你给黄金交易DApp一盎司的黄金，该DApp会给你一个黄金代币，你就可以用这个代币进行一系列的交易，然后任何人都可以回到DApp将他们的代币换回等值黄金。（代币和以太币之间的最大区别在于，任何人都可以凭空创建一种代币，并且根据需要发行任意数量的代币，而以太币是以太坊唯一的官方加密数字货币，以太币只能通过挖矿的方式来生成。）

在使用区块链投票时，政府将向所有有资格投票的人发放投票代币。每个选民都可以把自己的代币发送到一个代表他们想要投票的候选人的地址。每个投票代币的“支付”表示一个支持投票，并且存储在区块链上。因此，由于所有选票都公开地存储在区块链上，所以就有了一个可靠的书面记录，任何人都可以通过清点选票来验证谁赢得了选举，从而消除了在计票过程中出现错误和腐败的可能性。

区块链的其他优势在这里也发挥了作用。由于区块链几乎实现了防篡改，想要通过破解区块链来添加或删除选票几乎是不可能的。由于区块链具有非常强的复原能力——只要有一台计算机拥有区块链的副本，它就能存活下来，因此丢失选票的风险是非常低的。由于区块链是去中心化的，即使当权者也无法删除或修改自己不愿意看到的选举结果。

挑战

区块链投票的主要挑战是，首先需要决定谁可以获得投票代币。这可能涉及人们在网络上的身份认证问题，但这种身份认证存在很多隐患：社会安全号码实际上是美国人唯一的身份标识，如果你知道了某人的出生日期，就很容易猜到这个号码，这大大降低了个人身份信息的安全性。登记选民的名单也很容易被黑客攻击及破解。另外，你必须依靠政府提供的信息来决定谁拥有投票权，这与权力下放的目标背道而驰，也会为腐败的政府继续左右选举提供便利。

爱沙尼亚设法通过向公民提供与智能手机绑定的电子身份证或移动ID成功地解决了选民的身份验证问题；爱沙尼亚人可以在网站上输入自己的ID号码来证明他们的身份。有94%的爱沙尼亚人都拥有这种安全的数字ID，这使得线上投票成为可能。虽然这种方法在人口不足150万的爱沙尼亚效果很好，但是在人口较多的国家，这种方法可能并不适用，因为在人口规模较大时相关信息的匹配及收集可能存在很大的困难。

另一个比较严峻的挑战是保持匿名性。由于所有投票信息都公开存储在区块链上，任何人都可以看到哪个以太坊地址为哪个候选人投出了支持票。而政府必须将选民的真实身份与以太坊地址相匹配才能发送投票代币。这就意味着，政府及拥有相关专业技术的黑客可以通过这一线索找到选民的以太坊地址，从而确定每个选民所支持的候选人。

解决匿名性问题的一种可能的方法是同态加密[1]，它允许你对每个人的投票过程进行加密（这样你就无法知道选民的支持票投给了哪位候选人），但仍然可以统计票数并弄清楚最终是谁赢得了竞选。

试点

区块链投票具有非常大的发展潜力，但是它目前仍处于探索阶段。尽管爱沙尼亚是第一个允许进行线上投票的国家，但它仍然没有采用区块链投票。瑞士的楚格市和哥伦比亚已经成功地进行了区块链投票的试点，但是目前还不清楚这些项目是否会得到更广泛的支持和应用。

不朽的互联网

20世纪90年代末，GeoCities是全球访问量第三大的网站。它允许所有人免费创建网站，在它的鼎盛时期，有数以百万计的关于宝可

1　同态加密的实现不在本书的讨论范围之内，这是在大学CS课程中需要学习的内容。

梦、乐队、家庭度假照片和无数其他主题的网站。1999年，雅虎以在当时看来史无前例的40亿美元的高价收购了GeoCities。但是在2009年，面对日益严重的财务困境，雅虎关闭了该网站，这一举动对存在于GeoCities网站上的数百万小时的人类工作和创造力来讲无疑是一种致命的打击。GeoCities网站是在志愿者们的巨大努力下才得以保存下来的。志愿者们在GeoCities网站下线前不久的一段时间里保存了网站的所有数据，其数据量高达900GB。

而MySpace就没那么幸运了。这家社交网站在21世纪初曾是全球最受欢迎的社交网站，但是由于网站在2019年出现的一次故障，丢失了12年间用户上传的音乐、照片和视频信息。MySpace曾经是许多乐队发布作品的地方，但他们在MySpace上上传的且没有备份的音乐都因这次故障而永远消失了。

缓慢的、脆弱的、健忘的

更通俗地讲，你不能指望在互联网上看到的任何东西在几年后仍然存在。一项研究发现，网络链接的半衰期只有7年，即如果你把一本书、一个文档或一个网页链接到另一个网页上，有50%的可能性，该链接将在7年后失效（它无法链接到目标页面了）。你可以很轻松地引用荷马在2000年前写的《奥德赛》，你知道人们总是能够找到你所说的那本书。但是，期望一个网络链接能够存在10年是一个冒险的选择。

有一些像互联网档案馆这样的服务，它们可以将过去的网页存档，但它们的覆盖范围并不全面，不可能保存所有曾经存在过的网页。链接失效的问题实在是太普遍了。

事实上，这属于结构性的问题。每当浏览器加载一个网页时，如《纽约时报》的主页，它就会向服务器请求该网页的最新副本。服务器通常是存储该主页内容的唯一位置。如果服务器关闭或删除了该主页的页面，你就永远无法再获得该页面的内容了。这是内容中心化的一个典型的例子，网页失效属于网站服务器的单点故障。

这种内容中心化的另一个问题是加载速度。如果你在美国，访问一个服务器在澳大利亚附近的网站，那么指令到达该服务器并读取页面内容将花费300毫秒以上的时间——这时有80%的浏览者已经注意到了网页加载的延迟。为了减少这种延迟，你就必须在全球范围内构建足够多的服务器，但是基础设施的购置可能需要花费数千甚至数百万美元。

正如TechCrunch的负责人所说，互联网——在很大程度上得归因于其中心化的网页模式——是“缓慢的、脆弱的、健忘的”。

星际文件系统

不过，星际文件系统（简称IPFS）的区块链项目发起人认为，互联网的这种现状是可以改变的。IPFS提出了一种全新的互联网模式。在IPFS中，页面内容不仅存放在中央服务器上，而且在全球的任何角落的个人都可以保留一份副本。

以埃及的亚历山大图书馆为例，它建于公元前334年。长期以来，它被认为是世界知识和学问之都，其中收藏了超过4万卷的无价古籍。遗憾的是，亚历山大图书馆在公元前48年遭遇大火时被焚毁了，有数千个卷轴都被毁了——由于没有备份的卷轴，保存在那些卷轴上的知识也就永远地消失了。如果当时的亚历山大图书馆让世界上的其他图书馆来保存这些卷轴的副本，那么这些卷轴上的知识就更有可能保存到今天。IPFS将当前的互联网视为亚历山大图书馆——有太多的信息被集中地保存在一些服务器上，IPFS的方法就是将信息分散地保存在多个“图书馆”中。

所有IPFS用户的计算机上都有一个文件夹，可以在其中存储文件或网页。这些文件的唯一痕迹（称为哈希值）存储在区块链中。任何想要该文件的用户只需要查看区块链，就可以了解谁拥有具有该哈希值的文件。一旦找到对应的用户，他们就可以从那个用户的IPFS文件夹中复制文件。存在的问题是，如果你从其他用户的计算机上获取了文件，那么你也要在自己的计算机上存储一份该文件的副本。即使原始文件被删除，副本将仍然存在。

这意味着，流传最广的文件和网页将备份在成千上万的计算机上，从而使它们不受困扰当今互联网的链接失效问题的影响。此外，由于该文件流传甚广，遍布全球各地，因此每个人都可以快速地找到在地理位置上与自己相近的计算机上存储的文件，从而能更加快速地读取文件。

可以将IPFS文件夹看作一堆公共的Dropbox或谷歌云端硬盘文件夹——任何人都可以从其他人的云端共享文件夹中查看、下载并复制文件。IPFS的区块链只作为一个目录，告诉你谁拥有你想查找的文件副本。

此外，在每次更改文件时，相应的更改也会更新到区块链上。

所有拥有该文件的旧副本的人都可以保留原有的文件，同时该文件的新版副本可以独立地通过网络进行传播。这也意味着，任何人都可以看到更改后的文件的旧版副本（有点像Word文档中的“跟踪更改”功能），从而确保内容确实是永久有效的。即使有人更改了一个网页的内容（例如，删除一些他们想隐藏的信息），旧版副本仍然存在——这在现有的互联网上是不可能实现的，因为你只能从服务器上获得最新版本的网页内容。

目前，IPFS拥有自己的微型互联网。所有人都可以注册并成为IPFS的用户，并且开始存储文件和访问网络上其他人的文件。IPFS的发起人希望，IPFS有一天能取代当前的互联网，并成为“更快、更安全、更开放”的替代方案。当我们对降低链接失效的可能性感到兴奋的同时，我们也注意到，像这样一个防审查的分布式文件共享系统将会使数字盗版变得更加容易。

爱彼迎式的共享硬盘

值得注意的是，人们可能不太愿意将陌生人的文件存储在自己的硬盘上。为了解决这个问题，一个旨在向那些在电脑上存储IPFS文件副本的人支付报酬的名为FileCoin的项目应运而生。

其原理是，任何想访问他人IPFS文件夹中文件的人都需要向存储文件的人支付一个文件币（Filecoin）。你可以通过自己托管文件或从市场上购买文件来获得文件币。FileCoin 项目鼓励人们发展良好的公民意识——你访问别人的文件越多，你自己应该托管的文件也就越多，并且让拥有额外存储空间的人通过赚取和出售文件币来赚钱。在这方面，它就像硬盘版的Airbnb（你可以通过出租空房来赚钱）。

当人们因为存储文件而获得收益时，他们就会存储更多的文件。这对于IPFS非常有价值，因为有越多的人存储文件副本，IPFS就运行得越好。（如果只有一个人在存储文件，那么IPFS并不会比当前的互联网更有优势。）

在区块链上能获得Hooters奖励吗

2018年，北卡罗来纳州一家名为Chanticleer的公司宣布，它将与一家名为Mobivity的区块链公司合作，推出一项基于区块链的奖励计划。Chanticleer拥有几家特许经营餐厅，其中包括Hooters。任何在Chanticleer餐厅用餐的人都可以获得存储在区块链上的虚拟货币，他们可以在Chanticleer旗下的其他餐厅用虚拟货币兑换餐食，或者将虚拟货币作为礼物送给其他顾客。Mobivity公司的CEO自豪地宣布："吃汉堡现在是挖掘加密数字货币的一种方式！"Chanticleer的股票价格在这次发言后上涨了41%。

如果你忽略了Mobivity的CEO可笑地误解了什么是挖掘加密数字货币这件事，那么你必须问问自己：将区块链用于Hooters奖励真的值得吗？使用区块链来完善互联网或重塑民主——当然值得。但是吃汉堡也值得奖励虚拟货币吗？

过犹不及

为应用程序添加区块链是需要支付费用的。如果基于以太坊来构建，则每笔交易的费用为5~10美分。而区块链本身要占用大量的计算机空间。在写作本书时，以太坊区块链的容量超过了200GB，并且它的增长速度在短时间内也不会放缓。而且，不管你用什么区块链，区块链的交易速度都很慢。典型的中心化MySQL数据库每秒处理的交易数是以太坊的6万倍！（以太坊在单位时间内处理交易的数量是比特币的5倍。）

因此，只有在必要时使用区块链才是有意义的。在我们看来，区块链的最大卖点是去中心化、去信任、透明和防篡改。而Chanticleer基于区块链的奖励系统完全体现不出区块链的这些优点。

- 去中心化意味着你不需要依赖中间人，中间人是单点故障的发生原因，并带来了费用和限制。Chanticleer的问题是，奖励积分只能在Chanticleer的餐厅使用——因此，如果Chanticleer停业，你所有的奖励积分将变得毫无意义。这个系统是中心化的，即以Chanticleer为整个系统的中心。区块链可以使去中心化成为可能，但前提是允许系统去中心化。除非Chanticleer允许用户在所有餐厅、任何地点都可以使用奖励积分，否则系统将是中心化的，区块链也就不会带来任何升值。
- 区块链使去信任成为可能。人不必信任其他人，系统也能正常工作。以比特币为例，你不必相信银行或政府就可以进行支付；你只需要相信比特币软件会正常运作即可。但在本例中，不管有区块链还是没有区块链，你都必须相信Chanticleer会兑现你的奖励积分。如果Chanticleer不兑现，那你拿到的只是一堆没有任何用途的代币。这是去信任的反例，Chanticleer的整个奖励计划都没有使用区块链的这个优点。（对于Mobivity 的CEO所宣称的，他的计划可以“将传统的消费者奖励转化为消费者可以控制的东西”，如果你不得不寄希望于餐厅会接受奖励积分的兑换，那么你实际上就无法控制自己手里的奖励积分。）

- 因为区块链使得过去的每笔交易都是公开的、不可改变的（或不可变的），因此区块链是非常透明的。所有用比特币进行的非法交易（理论上）都能被所有人发现，当联邦调查局想摧毁丝路市场的时候，你会发现这一点是很有用的。然而，我们认为没有人会关心你是否在周六去Hooters兑换了鸡翅的奖励积分——这个奖励计划提供的透明度并不是很有价值。
- 最后，类似交易处理记录这样的机制使得区块链基本上实现了防篡改，这对于安全性来说是非常有用的。然而，我们认为没有人想窃取北卡罗来纳州餐厅的汉堡奖励积分，所以区块链的这个优点用在奖励计划上有些浪费。

简而言之，将区块链用于这种奖励计划就像使用50美元的高尔夫球杆钉钉子一样。当然，这样做是有效的，但是你没有使用这个工具的任何特殊能力，因此，这是在浪费金钱。你最好使用更便宜的工具，专门用来完成手头更简单的任务，如10美元的锤子或标准的数据库。所谓标准数据库，我们指的是类似大型的Excel电子表格的东西。它不是去中心化的、去信任的、透明的或防篡改的，但它非常擅长存储信息。Chanticleer可以在一个标准数据库中跟踪所有的奖励积分（如我们之前提到的MySQL），并且能以更低的成本获得更好的效果。

但是，如果他们宣布自己在使用大型的Excel表格来记录用户的奖励积分，当然也就不会让Chanticleer的股价飙升41%。区块链对于这个项目来说完全是多余的，Chanticleer只是想利用炒作的手段来获利。

区块链上的商标

2016年，总部位于伦敦的某组织注意到，音乐家们在给自己乐队的名字注册商标时遇到了麻烦，同名乐队为了谁先注册而争吵不休。因此，该组织成立了一家名为BandNameVault的初创公司，该公司允许任何乐队以15美元的价格在区块链上注册自己的名字。

当组建一个乐队后，你可以在区块链上的交易处理中心注册你想到的乐队名称。如果有人试图给其他乐队起一个和你的乐队一样的名字，你就向他展示你的交易记录，以表明你已经注册了该名称。

从技术角度来讲，这是一个聪明的解决方案，也就是说因为区块链的交易是不可逆的，并且几乎不可能被篡改，所以很容易证明一个交易发生在另一个交易之前，同时你也可以检查交易的顺序是否遭到了破坏。当然，区块链上的每次交易都是公开的，因此任何人都可以自己检查注册的顺序，这也是很有帮助的。这个过程比向美国专利商标局（简称USPTO）申请正式商标要快得多，并且成本也低了好多。

但是，在更严格的审查程序中，BandNameVault的交易记录就不会被作为证据采用了。你可以在区块链上注册乐队的名字，但是任凭你磨破嘴皮，这在法律上都是没有任何意义的。你可以起诉一个新乐队使用了你乐队的名字，并且指出区块链交易记录可以作为证据，但是法院不会承认该初创公司的区块链交易记录是有效证据。能说明你乐队的名字已经注册的唯一方法是，提早在USPTO这样的政府机构注册商标。

BandNameVault公司的创始人也承认："一个成功的商标申请确实提供了一整套的法律保护和执照证明，而我们提供的简单注册服务无法提供这些。"

现在，如果USPTO宣布它将在公有区块链上存储商标注册信息，那将是完全不同的局面。但是，当一个初创公司尝试这么做时，它提供的解决方案毫无用处，几乎没有任何价值。将信息等存储在区块链上通常会带来巨大的效率收益，但是效率并不是唯一重要的事情；更重要的是，相应的解决方案要与现有的权力机构产生联系。区块链是一项伟大的技术创新，但它还不足以推动社会变革——你必须努力思考如何让人们和机构改变他们的行为。在这种情况下，如果BandNameVault公司在发布他们的软件之前，能让政府的商标局或法院参与其中，该公司可能做得更好，结果也就会完全不一样了。

一线希望

英国*The Register*杂志的工作人员曾问读者，BandNameVault是否是"你听说过的区块链中最糟糕的项目"。这一点也不足为奇。

不过，尽管BandNameVault的项目存在种种缺陷，但它提出了一个有趣的问题：你如何证明它是何时发生的？也就是说，你如何证明你知道某件事、说过某件事，或者在某段时间内做过某件事？如今，照片、音频甚至视频都可以被伪造。推文和网页内容也很容易就能被删除。

因此，当事情发生时，传统的证明方法并不是万无一失的。由于区块链交易的不可逆性和防篡改性，它提供了一种为数不多的可靠方法来证明何时发生了什么事情。

如果你在一个有良好信誉的区块链上记录了一些东西，毫无疑问，你的记录会得到有效保存。这是一个相当大的成就。正如BandNameVault所展示的那样，问题的关键在于如何让人们注意到你完全地记录了整个过程。

去中心化的网站

当你在浏览器的地址栏中输入一个网页地址（如“google.com/maps”）时，浏览器实际上并不知道该怎么处理。相反，它会参考叫作域名服务（简称DNS）的巨大地址簿，以将域名（地址的基础部分，如在google.com/maps中的google.com）转换成一系列被称为IP地址的数字。然后，浏览器就知道如何根据IP地址来获取相应的网页内容了。

你可以把这一过程与通过手机呼叫某人进行比较，你的手机不知道如何通过某人的名字来呼叫对方（你不能只输入“比尔·盖茨”的名字就希望与他取得联系），所以，在你的手机通讯录中既需要有对方的姓名，也需要有对方的电话号码，并且姓名与电话号码正确对应才是有意义的。

这里的问题是，DNS是非常中心化的。通常，你的互联网服务提供商（简称ISP），如Verizon或Comcast公司，都会为你提供DNS。如果ISP决定删除某个网站的域名与IP地址匹配的条目，那么你将无法访问该网站。如果你不喜欢ISP提供的DNS，谷歌也提供了免费的DNS，但是可供用户选择的DNS清单依然不多。

2011年，美国议员提出了一项名为《禁止网络盗版法案》（简称SOPA）的议案，目的是通过司法程序强制美国所有的互联网服务提供商删除侵权网站的DNS条目来打击盗版行为。如果这项议案能够通过并实施的话，这些网站仍然存在，但美国人不可能通过正常的途径访问到它们。

虽然SOPA没有被通过，但是互联网激进主义者对互联网审查变得如此容易而感到震惊。一个国家可以强制为数不多的ISP从其DNS中删除某个网站，从而禁止任何人看到它们。这一切都由于DNS是中心化的，ISP一般又是单点故障的源头，而单点故障会使审查变得更容易。

去中心化的DNS

在DNS中心化的困扰下，一个由区块链的爱好者组成的团队创建了一种名为Namecoin的山寨币。任何人都可以将其网站的IP地址注册到Namecoin区块链中，它的功能类似一个DNS。任何人都可以在自己的计算机上运行Namecoin软件，并且查询所有在该软件上注册了IP地址的网站，而不用担心ISP是否拦截了什么。

由于区块链是去中心化的和点对点的，因此没有任何可被审查严格的政府攻击的单点故障。而且由于区块链是如此安全，因此政府也不能试图从这个去中心化的DNS中删除某一个条目。

这是一个好主意，但它遇到了“先有鸡还是先有蛋”的困惑。网站的所有者不会费心在Namecoin上注册他们网站的IP地址，除非他们知道人们会使用Namecoin，并且通过其来访问他们的网站。另外，除非消费者知道他们最想访问的网站在Namecoin注册了IP地址，否则他们也不会下载Namecoin软件。最致命的问题是，根据Namecoin的早期支持者迈克尔·迪恩的说法，消费者根本不在意Namecoin为他们解决的有关审查制度方面的问题。因此，去中心化的DNS系统从未取得成功。

去中心化的网站注册

后来，Namecoin有了一个更加雄心勃勃的设想，即取代同样中心化的网站注册流程。当你建立一个网站时，你需要从域名注册商那里购买域名；每个域名的后缀（.com、.org、.de、.jp等）都是由不同的注册商管理的。但是每个注册商最终都是由一个名为ICANN的公司管理的，这意味着，从理论上来讲，ICANN可以删除任何网站的域名，从而使其下线。

所以，Namecoin引入了.bit，一个新的去中心化的域名后缀。任何人都可以在Namecoin的区块链上注册一个.bit网站，任何运行Namecoin软件的人都可以访问所有的.bit网站。

问题是，除非你运行了Namecoin的软件，否则你无法访问.bit网站。这也意味着“先有鸡还是先有蛋”的问题已经完全解决了。另外，Namecoin软件的安装过程非常烦琐，需要进行大量的配置，而且建立一个网站也有很多不必要的复杂程序。

不出所料，.bit的域名后缀也没有取得成功。迈克尔·迪恩说：“迄今为止，只有大约30个真正的.bit域名被创建出来，它们都是以‘传统’域名结尾的网站的镜像，显示的是来自不同域名的相同网页。”（所以，Namecoin网站上没有新内容。）事实上，只有5 000人安装了该软件来浏览.bit网站。

与此同时，由于.bit网站的注册成本非常低，所以有成千上万个网站域名被抢注，很多人希望将一些受欢迎的名字（作为网站域名）抢注，希望在以后能出售获利。想象一下，以5美元的价格购买facebook.bit或disney.bit，如果.bit网站一旦成功，就有可能以500万美元的价格卖出。可以这样说，.bit网站目前主要被用于实现不正当的目的。

给Namecoin致命一击的是，其团队缺乏凝聚力和运营策略。他们一度试图与ICANN和谷歌进行合作，也就是与他们一直试图“颠覆”的公司合作——迪恩称为“创建一种没有政府参与的技术，然后把它交给政府”。

最终的结果是，Namecoin失败了。NMC是一种用于买卖域名和DNS条目的加密数字货币，它甚至没有进入市值（某加密数字货币在流通中的总价值）最高的200种加密数字货币之列。而且，正如迪恩所提到的，Namecoin的产品的使用率本身就很低。

Namecoin失败的主要原因是它低估了人们的惰性。Namecoin的解决方案可能比当前的系统更加去中心化，在技术上也更加完善，但是建立这样的双边市场（一边是消费者，一边是网站所有者）是非常困难的，特别是在.bit网站很难使用的情况下。

事实证明，Namecoin几乎没有认真考虑过这些关于人的问题；它似乎只专注于开发一款更酷、技术更强大的产品，而没有考虑如何让人们真正地使用产品。正如我们在本章中所看到的那样，这体现了区块链App的一个常见的问题：过于关注技术问题而不关注用户体验。

第6章 商业上的区块链

对于任何你能想象到的可以出现在供应链上的东西，区块链都能极大地提高其效率——无论是人、数字、数据还是钱。

——吉尼·罗睿兰，IBM首席执行官

创建公有区块链的人们一直在思考一个更宏大的事情：重建民主制度，取消审查制度，或者让商标现代化。但是还有另一种区块链是值得被关注的，即私有区块链。私有区块链并没有雄心勃勃地试图为每个人提供全新的服务，而是试图实现更好的自动化并改善企业内部复杂、低效且在很大程度上仍为手工操作的系统。

沃尔玛和食源性疾病的预防

2018年，有关被大肠杆菌污染的长叶莴苣的疫情报道在整个美国引起了一片哗然，此次疫情中，有超过200人生病，5人死亡。这是“美国农产品行业有史以来爆发的涉及范围最广、最致命的疫情”。

问题在于，没有人能够追踪到使这些莴苣受到污染的污染源，因为整个农产品供应链——从种植它的农场到销售它的超市——都是非常不透明且低效的。整个系统都是有纸化的，所有处在这个供应链上的公司都只需要能够跟踪产品的“上一步来源和下一步去向”，这意味着，想要跟踪或追溯多个步骤就必须与多家相互独立的公司的进行联系。

追踪到某种商品的来源可能需要一周以上的时间。美国有关当局花了3个多月的时间才追查到某问题农场，该农场使用了亚利桑那州尤马市一条运河的水。即使在源头被确定后，也没有人能真正地确定他们买到的莴苣是否被污染了，因为很难知道买到的莴苣来自哪个农场。

此后不久，沃尔玛宣布将对其供应链进行改革，开始要求每家销售绿叶蔬菜的公司将产品相关信息供应链放在区块链上。每家公司将在沃尔玛旗下的、由沃尔玛与IBM共同开发的区块链上记录产品的每次物流。每次物流都将作为一个交易在这个被称为IBM Food Trust的区块链上进行记录。每笔交易都要对元数据进行编码，如产品的批号、时间和日期，以及产品的产地和目的地等。

它如何运作

沃尔玛本可以在公有区块链上构建并实施此解决方案，例如，通过创建以太坊DApp来实现。但这会带来很高的费用：任何人都可以看到沃尔玛供应链的所有交易（尽管你可以在交易中对自己的数据进行加密以保持它们的私密性），而且对于每笔交易，你都需要支付5~10美分的费用，你不能设定区块链的规则，也不能设置访问交易的权限。对于那些希望将整个业务系统整合到一个全新系统中的企业来说，这样做的风险和成本都太高了。

相反，像IBM Food Trust这样的私有区块链属于定制的区块链，只存储沃尔玛的供应链交易，并且只能由特定的人查看相关的交易记录。因为沃尔玛和IBM拥有这个私有区块链，他们不需要第三方的矿工，并且可以设置细化的访问控制或许可，从而准确地确定每个人在什么时候可以访问哪些信息。

同时，私有区块链保留了公有区块链的许多优势，如去中心化（许多计算机仍然会保留区块链的副本文件）、防篡改（POW功能保留，使攻击者难以伪造区块），以及透明性（每个人都可以获取他们需要的信息，而不必在不同的公司找人了解情况）。

结果

沃尔玛新建立的绿叶蔬菜供应链在提高效率方面的改进是惊人的。现在，供应链流程已经数字化，数据也以标准化的格式进行存储（通用区块链可以使数据以特定的结构呈现），所有内容都集中存在一个地方。沃尔玛现在可以在2.2秒内追踪某个农产品从种植的农场发货到其放置在沃尔玛货架上的整个流程。与传统的溯源流程相比，这一追踪流程的速度提升了十万倍。更重要的是，沃尔玛可以确切地知道在整个物流过程中，每个步骤涉及的人员及其位置。这可以帮助沃尔玛立即识别并从货架上撤走受污染的食品，还可以帮助当局更快地找到并关闭生产受污染食品的农场。该解决方案还可以帮助相关人员了解在供应链上货物物流的速度在哪个环节变慢，以及食品在哪里产生了损耗。

简而言之，该解决方案提供了一个强有力的方法来解决食源性疾病、食品损耗和供应链效率低下等问题。这是一个非常具有突破性的一步。沃尔玛食品安全副总裁在此后不久就宣布，所有沃尔玛的新鲜水果和蔬菜供应商将全部被要求在IBM Food Trust上记录并更新他们的供应链信息。据估计，90%的区块链试点均未转为现实应用，所以这个项目的成功是罕见的。

那么，为什么要用区块链呢?为什么沃尔玛不能要求供应商把供应链的相关信息存放在一个大型数据库或Excel表格中呢?我们在上一章中讨论过，Hooters的奖励计划没有利用区块链的优势，他们完全可以使用一个标准的数据库就能解决所有的问题，但是在这个案例中，沃尔玛有效地利用了区块链的优势：

- 当企业需要保证数据安全时，区块链的去中心化是非常有用的。如果沃尔玛将所有供应链的数据都保存在一台计算机上的一个数据库中，那么它将成为黑客和勒索软件攻击的目标。勒索软件的开发者会对有价值的文件进行加密，并且以此向文件的拥有者索要赎金（否则文件的拥有者将永远无法恢复或使用所需要的文件）。单一的、中心化的信息来源也非常容易受到自然灾害、停电及其他各种外界因素的干扰。由于许多不同的参与方都会保留自己的区块链副本，所以区块链的解决方案出现这些安全问题的可能性要小得多。
- 区块链的透明性对内部审计和外部审计来说会方便很多。任何符合条件的人都能立即查看食物从农场到饭桌的物流路径，而在此之前，做同样的事可能需要找许多公司，并且需要每个公司打开其账簿进行一一核对。由于私有区块链的访问控制，部分数据可以向美国FDA等外部审计机构甚至公众开放，但同时能保证其他数据的私密性。
- 区块链的防篡改性对于保存供应链信息这样的商业机密来说是至关重要的。这些信息一旦遭到黑客攻击或发生错误，就有可能导致沃尔玛遭受数百万美元的损失，甚至会危及顾客的生命。
- 正如我们在前面提到的那样，将所有数据保存在一条区块链上会强制所有数据采用相同的标准化格式，这使得数据的处理工作比之前那种跨多个数据库的数据要容易得多。

请注意，这些优势不只针对食品，任何供应链都能够从区块链所提供的效率、安全性、速度和透明性中获益。我们认为供应链是区块链的杀手级应用之一——在这个案例中，区块链的优势远远超过了其他的所有选择。

股票和区块

如果你想卖掉一本旧书或买一张罕见的棒球卡，你可能无法求助于你的朋友——他们都不太可能以你期望的价格购买或出售这些东西。相反，你更有可能求助于亚马逊或eBay这样的网站，它们能有效地将你与世界各地想买那本书或想卖那张卡的一小群人匹配起来。

类似的事情也发生在股票、期货或其他金融工具上。每当你买卖股票时，卖你股票和买你股票的人会立刻出现和消失，就像变魔术一样。但你在私下里知道有人想买你的通用磨坊（General Mills）股票或想卖给你UPS股票的可能性很低。因此，你的经纪人或股票交易网站转而求助被称为“票据交换所”的第三方机构，也就是股票交易的场所，从而为数百万的买卖双方牵线搭桥，这样人们就能迅速而有效地找到交易伙伴。

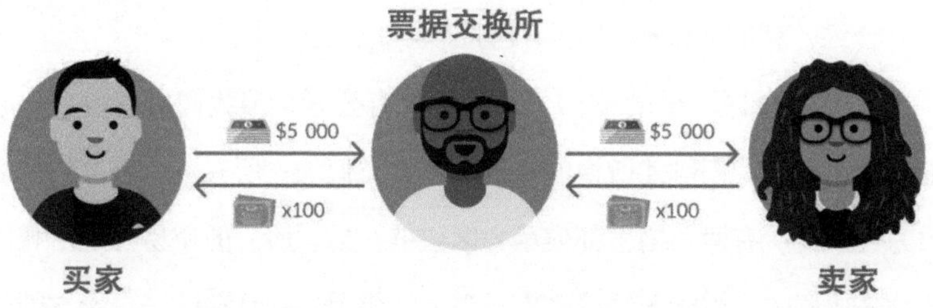

票据交换所为买卖双方牵线搭桥，保护双方免受风险。在这个例子中，票据交换所促成价值5 000美元的100股股票成交。

票据交换所也承担交易的风险，即使一方退出交易，它也要确保交易顺利进行。如果你以5 000美元的价格卖出100股股票，但随机选择的买家违约，你仍将得到5 000美元，这笔钱由票据交换所支付。

票据交换所还要确保买卖双方的财务状况良好，处理好所有的法律法规等相关事宜，并且将数据发送给买卖双方。总体来说，票据交换所负责所有的繁杂工作并承担风险，这样任何人都可以通过轻轻点击鼠标来买卖股票，因为他们知道一切都会天衣无缝地进行。

票据交换所是中间人，处在买卖双方之间。因此，为了提高效率和降低成本，股票市场通常采用基于软件的票据交换所，即自动票据交换所（简称ACH）。

到2017年，澳大利亚证券交易所（简称ASX）的ACH软件已经老化，于是ASX决定尝试运用区块链技术。这是一种自然而然的发展趋势，因为票据交换所的运作方式类似于智能合约：它们从买方那里拿钱，从卖方那里拿股票，再进行一些核查，一旦双方的信息都得到核实，就会进行资产互换。（如果把一个普通ACH的复杂逻辑变成一份智能合约，就能在效率和透明性方面取得重大成就。）

ASX基于区块链的ACH的细节还没有公开，但我们可以设想，它的实现逻辑与我们刚才所说的应该是非常类似的。所有资金和股票都表示为代币，所有股票销售都表示为区块链交易。所有的交易都是由智能合约来协调的，智能合约接收来自买方的代币，并且存储来自卖方的代币，然后进行一些核查，最后进行资产交换。

智能合约的优势在这里是非常明显的。智能合约是可预测的——

就像机器一样，它每次的运行方式几乎完全相同，它的所有操作都可靠地存储在区块链中。与此同时，ASX之前的解决方案相对杂乱（非区块链的解决方案在精确度和跟踪性方面更弱）和缓慢。一位市场策略师预测，由于这些原因，区块链解决方案可能能够从降低费用、增加透明度和减少官僚作风等方面为ASX节省数千万美元的开支。

ASX并不是全球唯一一个有这些需求的机构。世界上有大量的证券交易所和票据交换所，其中许多机构可以像ASX那样从区块链中获益。一份报告指出，证券交易行业可以利用区块链结算节省200亿美元。而这一数字仅仅统计了证券交易从区块链技术中的获益，要知道，其他金融市场（尤其是期货市场）也严重依赖票据交换所。

但ASX在区块链的运用方面出现了一些问题。这项技术似乎太新了，以致ASX的解决方案花了两年的时间才开发完成，其发布时间甚至比预计的推迟了6个月。这也是走在技术最前沿必须付出的代价。对于一些金融机构（通常为风险规避型的组织）来说，这可能是难以接受的。

另一个问题是，法律制度还没有跟上区块链的发展速度，这对金融等监管严格的行业来说是一个值得注意问题。当前的金融法律法规没有任何关于加密代币、分布式账本和智能合约的规定和概念，而且这些工具的操作方式经常与当前的法律法规相冲突。例如，法院可以否决其认为“不合理”的合同，即当一方拥有更多的议价权或经济权利时，合同就是不公平的。但是智能合约是自动执行的，一旦它开始执行，就不能被改变或取消（事实上，这是引起诉讼的原因之一）。因此，一方面，法律需要改变，以找到新的方法来阻止不公平的智能合约；另一方面，任何开始使用智能合约而不是常规的合同的人，都需要找到一种方法来保持其智能合约的合规性。

简而言之，区块链和智能合约可以为证券交易所等金融机构的后台带来巨大的效率收益。但这并不像开发、安装一款新软件那么容易：这种热门的新工具通常会伴随着发展的烦恼和潜在的法律难题。

Xbox和游戏版税

如果你要发布一款Xbox游戏，你可能需要与一小群外部承包商合作：音乐家、特效工作室、角色设计师，等等。你需要与这些承包商签订复杂的版税合同并设定规则，例如，“如果游戏在某评论网站上获得至少*Z*星的评价，我们将在第一次获得*Y*万美元的销售额后支付给音乐家总收入的*X*%”。一款经典的游戏可能有数百个这样的合同，就算只是简单的合同也会有好几页的标准和公式。

管理这些合同的复杂条款在后期会是一场噩梦，需要庞大的会计团队传真大量的文件，筛选大量的Excel电子表格，还要费力气去处理没完没了的电子邮件。如果预期的付款与实际付款不相符，会计人员就必须经过耗时又非常容易出错的核对过程，他们需要从一堆文件中找出每份相关的文件，并且通读，找出差异再进行修正。对于Xbox的发行商来说，可能需要45天才能支付所有的版税——对于快速发展的游戏世界来说，这种缓慢的速度是难以想象的。

在解决这个问题之前，还需要应对另一个问题：版税支付要求会计人员根据复杂的规则手工计算版税，而进行这些计算所需要的所有数据分散存储在许多不同的数据源中。

Xbox想将版税计算自动化，并且将所有数据集中到一个地方。因此，Xbox决定建立一个基于区块链的版税结算系统。

Xbox把所有复杂的版税合同变成了智能合约，把所有复杂的法律术语变成了精确的数学公式。就像我们刚刚讲到的版税合同中显示的规则——“如果游戏在某评论网站上获得至少*Z*星的评价，我们将在第一次获得*Y*万美元的销售额后支付给音乐家总收入的*X*%”——将变成一个智能合约，并根据销售额和评价星数等信息输入数据计算出适当的版税。

自动执行的智能合约的效率远远高于会计人员阅读纸质合同的效率，因为计算机可以在几秒钟内计算出版税数额。而且由于智能合约的代码可以被任何人读取，每个承包商都能够确保他们得到了自己应得的钱，从而降低了上诉、调解的概率。实际的版税支付程序也已精简；每个承包商和发行商都有自己的“地址”，智能合约会在每次交易完成后自动开始向相应的“地址”发送资金。

最终，Xbox将版税结算的时间从45天缩短为几分钟，让发行商实时了解情况，并且随时调整合约内容。相应的Xbox财务团队的工作量也下降了70%，并且将新发行商的版税结算时间从几天减少到了15分钟。简而言之，这个区块链解决方案对于Xbox、发行商和承包商来说是一个三赢的选择。

云区块链和大数据

不过，整个区块链系统并不是Xbox自己开发的。它没有创建自己的节点，没有架设服务器来存储区块链，也没有编写所有需要的代码。相反，Xbox向微软公司的云计算部门Azure寻求支持，并且使用了Azure的区块链服务。Xbox使用了Azure写好的区块链代码，在Azure的超级计算机上存储区块，并且借用了Azure的安全性和可靠性。这样一来，Xbox就不需要重新创建区块链系统，省掉了运行区块链所带来的管理成本和维护费用。

更重要的是，将所有数据存储在区块链中会迫使数据采用单一的结构化格式。以前，当数据分散在无数的文件和文件夹中，想要对比分析它们几乎是不可能的，仅仅查找和清理数据就需要很长时间。（任何尝试过在三个不同的Excel表格之间交叉引用数据的人都知道，将所有的数据都保存为相同的格式会更好处理。）既然数据是单一格式的，那么发行商就可以很容易地将其纳入数据分析和可视化软件中，从而了解其音乐付费是如何随着时间的推移而增长的，以及他们可以在哪些方面削减成本。另外，有了大量的这种结构化的数据，机器学习就变得容易多了。

正如你所看到的，区块链技术与其他一些热门技术的发展趋势（云计算、大数据和机器学习）存在大范围的重叠。这不是偶然的，这些技术中的每种都依赖其他技术，当它们一起使用时，效果最佳。

私有区块链的大师

如果我们退后一步，更深入地了解这些私有区块链的成功故事，一个令人惊讶的事实就会出现：那些在私有区块链上取得最大成功的公司并不是小打小闹的初创公司，而是像沃尔玛、IBM、微软和证券交易所这样的行业巨头。如果一家小型食品杂货铺或初创公司宣布将其供应链信息存放在区块链上，可能大多数人根本不会在意，但是，当沃尔玛宣布同样的决定时，全世界的人们都会关注。

当你注意到加密数字货币对初创公司和现有企业的颠覆性有多强时，这种现象就显得非常奇怪了。为什么行动缓慢的大公司从私有区块链这样的“颠覆性”技术中能够获得如此巨大的收益?

我们认为，这是因为实现私有区块链根本不是技术上的挑战；这是一个社会挑战。沃尔玛、ASX和Xbox使用的区块链并不比比特币或以太坊复杂多少，而像Azure这样的云区块链产品可以让你很容易地建立区块链，即使你在此前几乎对其没有任何了解。区块链的构建一直以来都是比较容易的部分。在前面的三个案例中，我们发现，真正困难的部分是涉及人的部分：沃尔玛需要让所有供应商购买一个未经测试的新技术；ASX必须遵守法律，让交易人员在改用全新的系统之后保持镇静；Xbox不得不向所有的承包商和会计人员传授关于区块链工具的基础操作知识。

尽管大公司在采用新技术方面进展缓慢，但它们非常善于解决这些涉及人的问题。在让一大群人改变他们的行为方面，大公司比初创公司要强得多——沃尔玛可以迫使供应商在区块链上记录跟踪其产品，而一家新开的小型杂货铺可能做不到这一点。大公司有足够强大的律师团队来确保它能遵守规定，就像ASX的案例一样，而初创公司在这方面的实力通常是跟不上需求的。当大公司采用新技术时，它可以在足够大的范围内应用这些技术，这样它就可以省下足够多的费用来抵消前期的成本。Xbox将从基于区块链的版税支付系统的效率提升中获得比初创的游戏工作室多得多的收益。

初创公司可能拥有更好的区块链技术，但对于大多数私有区块链项目来说，技术并不重要，重要的是技术能被采用，让人们适应变化，解决出现的所有法律和财务难题。正如我们在本章所看到的那样，这是一个老牌玩家占有优势的领域。

第 7 章

加密数字货币的政策

当比特币从货币转换为现金时，这个接口必须处在一些监管制度的保障之下。我认为，在比特币的世界里，一个算法取代了政府的功能……（这）实际上是非常酷的。

——阿尔·戈尔，美国前副总统

令人惊讶的是，作为一种广泛与非法、欺诈和不信任政府联系在一起的技术，在通往可信区块链的道路上，治理、监管和法律却随处可见。

——凯文·韦巴赫，*The Blockchain and the New Architecture of Trust*作者

早期加密数字货币吸引人的优势在于，它们完全避开了监管——你可以保持一定程度的匿名性，避税，无须提交书面文件就可以投资，不用烦琐的手续就可以把钱寄送到任何地方，等等。

但这并不是因为加密数字货币处于监管范围之外，事实上，由于加密数字货币影响着受到严格监管的金融领域，它们属于监管的主要对象。只不过加密数字货币之前在非公开的领域运行了几年，近几年刚刚进入公众视线，立法者对其显得有些措手不及。但是，立法者现在有时间来理解这种新技术快速进步的意义所在，他们已经开始制定和实施有关加密数字货币的政策。

加密数字货币的禁令

经过设计，加密数字货币避开了许多政府在金融体系周边制定的谨慎规定。传统的持有和转移货币的方式，如信用卡、支票、股票、房地产等，总是把你的名字和交易联系在一起。但是加密数字货币不是这样的。

这使得洗钱变得容易多了。通常，你需要做一些复杂的事情，例如建立空壳公司的长链，或者进行大宗房地产购买。但使用加密数字货币进行洗钱，就像找一家不需要身份证明的交易所一样容易。你只需要用“脏”美元购买代币，在几种不同的加密数字货币之间转移代币，然后兑现为“干净”美元。你也可以把钱支付到一个“不倒翁”（一种中间人）那里，它会把你和别人的代币组合在一起，然后从池子里随机把代币再还给你，这样就很难追踪你的钱的历史了。

由于在交易中不附加姓名，加密数字货币也使逃税变得容易，使追踪付款变得困难了很多——这就是网络犯罪分子要求用加密数字货币作为赎金，并且将其用于非法药品销售的原因。

要解决这些监管难题，最简单的办法就是彻底禁止加密数字货币的使用，有许多国家正是这么做的。俄罗斯、泰国、越南、厄瓜多尔、玻利维亚、孟加拉国和吉尔吉斯斯坦在2010年彻底禁止了所有加密数字货币的使用，主要原因是比特币被广泛应用在洗钱、贩毒和逃税方面。例如，一个富商就曾在2015年被绑架并被要挟以价值数百万美元的比特币作为人质赎金。

不过，这些禁令也有不利的一面。加密数字货币有很多合法的用途，如果利用得当，可以带来经济发展。因此，许多大国采取了更微妙的办法。美国的一般做法是，将加密数字货币与其他价值储存手段（美元、房地产、股票、汽车等）一样对待，并且适用同样的规则。

中国的比特币大戏

中国的情况十分有趣，因为它似乎对加密数字货币又爱又恨。正如我们在本书中所提到的，中国是比特币领域的一个巨大玩家：有80%的比特币是在中国挖掘的，最大、最具影响力的矿池在中国，中国公司生产了许多非常受欢迎的ASIC芯片。

与此同时，中国对大部分比特币的生态系统实施了严格的禁令。2013年，中国禁止银行等金融机构交易比特币，但仍然允许普通公民使用比特币交易。2017年，中国禁止了加密数字货币交易，但是中国公民那时可以使用VPN访问日本或设在其他国家的交易所。

中国确实在2018年加大了管制力度，政府工作小组“指导关闭”比特币的挖矿业务，不过没有给出关闭的具体时间表。同一年，中国禁止所有公民交易加密数字货币，包括禁止在外汇市场上进行交易。

中国对待比特币的方式确实很奇怪，它在主导比特币领域这件事中获益匪浅，但它也想彻底禁止这个领域的交易。有些人怀疑这是因为中国想要发展自己的加密数字货币，所以才要禁止比特币，而比特币将是这种假想的中国加密数字货币的最大竞争对手。

监管的难度

尽管有来自政府的严格监管，但是比特币在中国仍在蓬勃发展，这一事实表明，加密数字货币的监管的确很难执行。

由于加密数字货币的用户都是技术方面的高手，而且往往比监管机构更精通技术，因此任何一个国家打击加密数字货币的努力并不总能够奏效，因为交易员和矿工可以很容易地将业务转移到监管更宽松的地区。2018年，在美国开始打击加密数字货币的初创公司后，许多这样的初创公司开始考虑迁往瑞士，因为那里对加密数字货币的监管更加宽松。

虽然中国的禁令可能对比特币的挖掘工作带来了不利影响，但是像魁北克北部地区这样电力便宜且需要通过挖掘比特币来带动经济增长的地方对矿工是非常友好的。

在我们看来，单方面的禁令只会将加密数字货币的交易活动转移到其他国家。只有世界各国联合起来，制定多国协议，打击加密数字货币的工作才有可能产生重大的变化和进展。

委内瑞拉的国有加密数字货币

2018年，委内瑞拉正处于政治和经济危机之中，年通胀率高达60 000%——这意味着物价每个月都会上涨一倍多，这几乎摧毁了整个储蓄和商业环境。一个面包在12月31日的价格是当年1月1日的6 000倍。与此同时，尼古拉斯·马杜罗总统的政府正在受到国际制裁的打击，因此委内瑞拉从困境中走出来的难度越来越大。

2017年12月，马杜罗宣布创建一种名为“Petro”的加密数字货币，并且表示将以委内瑞拉的石油和矿产储备为背书。他承诺将1个Petro币与1桶石油的价值挂钩，并且以委内瑞拉农村地区阿亚库乔的石油储备为背书。

2018年8月，马杜罗在加密数字货币方面的政策力度加大，宣布发行一种名为“主权玻利瓦尔”（Sovereign Bolivar）的新纸币，1元主权玻利瓦尔价值10万元玻利瓦尔旧币。主权玻利瓦尔也将与Petro挂钩。根据马杜罗的说法，3 600元主权玻利瓦尔可以兑换1个Petro币。

骗局

问题是，Petro是一个骗局。首先，Petro并不是由石油支撑的，因为你不能将其兑换成石油。委内瑞拉人只能按照由石油价格确定的兑换比率来购买Petro。当委内瑞拉以60%的折扣预售Petro币的时候，你就可能怀疑其是否真的可以完全与石油挂钩。需要提及的是阿亚库乔地区（按照当局的说法，该地区有支持Petro的石油储备）没有与石油开采相关的活动，并且该地区所有的石油钻机都已经废弃了。

Petro甚至不是一种有效的加密数字货币。它从未被使用过，没有大型加密数字货币交易所出售它，也没有商店接受它。唯一能证明Petro存在的证据是，有一种名为Petro的基于以太坊的代币，该代币有1亿个有效代币，这与马杜罗承诺的代币数量相同。不过，从来没有人交易过这些代币，目前还尚不清楚它们是否与马杜罗所指的Petro相同。

在预售时期，Petro就受到了质疑。其白皮书中有太多的细节没有被详细说明，而且存在严重自相矛盾的地方，甚至连它将使用哪个区块链平台的决定都前后不一致：它有时提到Petro将基于以太坊建立加密数字货币，并且使用ERC-20代币；它有时又提到Petro将使用以太坊的竞争平台NEM。马杜罗说，他通过预售Petro筹集了数十亿美元，但经济学教授史蒂夫·汉克认为这种说法是非常可笑的，而且从未经过证实。

最后，Petro是一项糟糕的投资。来自其他国家的投资者对此却无能为力，因为委内瑞拉政府有货币贬值和操纵汇率的前科。

规避制裁

那么，马杜罗为什么要推出这种明显具有欺诈性的加密数字货币呢?这很可能是绕过美国主导的制裁的一种方式。在宣布发行Petro时，委内瑞拉政府负债1 400亿美元，但国际制裁使得外国人无法在委内瑞拉合法投资。马杜罗可能意识到，由于加密数字货币具有不可追踪性，人们可以用它在委内瑞拉投资，也不会引起制裁国家的注意。Petro计划筹资60亿美元，与委内瑞拉的负债相比这只是一个小数目，但也并非微不足道。

当然，这次融资是失败的。正如《华盛顿邮报》所言：“这只是加拉加斯（委内瑞拉首都）试图绕过其他国家对其制裁，同时从为数不多的比自己更愚蠢的人那里筹集资金的一种方式。”

这个案例告诉我们，政府与加密数字货币的关系是双向的：加密数字货币可能违反一个国家的金融法，但它们也可以帮助国家规避不利于该国的国际金融法。事实上，其他受到制裁的国家，包括俄罗斯、土耳其和伊朗，也在考虑通过由国家机构发行的加密数字货币来筹集资金。

令人不安的是，一些没有底线的政府可以利用加密数字货币来规避国际法和条约。同样，这种功能也融入了加密数字货币：任何人都可以轻松地将钱转移到任何地方，而且加密技术会“故意”让追踪付款变得困难。这对于合法的资金转移非常方便，但是对于非法的资金转移，如规避制裁，也很有帮助。既然任何人都可以创建一种新的加密数字货币，那么就没有哪一种加密数字货币是国际立法者可以攻击的。相反，国际管理机构如果想制止此类非法行为，就需要主动监管所有的加密数字货币。

ICO和诈骗

当一家新公司想筹集大量资金时，它可以通过首次公开募股（IPO）的方式向公众出售股票。拥有股票就意味着你有权分享公司的一部分利润和（有时）在公司决策中的投票权。随着公司的发展，对利润的需求也随之增长，股价也随之上涨。所以，当你在IPO中购买股票时，你在赌公司会成长，股价会上涨，而你会从中获利。

然而，要想进行IPO是异常困难的——它需要花费好几年的文件整理工作、监管机构和审计机构的严格审查，以及无数对潜在投资者的推销。现在，科技类的初创公司的私有化时间越来越长，这意味着只有部分风投公司或个人才可能在初创公司高速发展的最初几年投资它们。在IPO之前，大部分的投资者被挡在门外，而在IPO之后，公司的高速增长已经接近尾声了。

因此，加密数字货币世界创造了一种与IPO类似的东西，即所谓的“首次币发行”（简称ICO）。ICO允许基于区块链或加密数字货币的初创公司在创立的早期阶段提供可出售的加密代币，从而让初创公司筹集资金，同时为那些认为该初创公司会取得成功的投资者提供在早期阶段投资的机会。ICO通过发行代币来筹集资金，而IPO通过发行股票来为传统的初创公司筹集资金。

证券型代币和实用型代币

ICO有两种主要的类型：提供证券型代币的ICO和提供实用型代币的ICO。证券型代币的作用和股票差不多：初创公司给你这些代币（可以在区块链上追踪），你就能获得投票权，有时还能得到分红。就像股票一样，如果投资者认为公司在未来会成长，那么对证券型代币的需求就会上升，代币的价格也会随之上涨。

实用型代币是唯一的，它是你购买用于支付初创公司服务费用的代币。（如果初创公司有属于自己的加密数字货币，它会出售加密数字货币，而不是代币。）例如，FileCoin（我们之前讨论过的去中心化文件存储App）在其ICO中提供了FIL代币，你可以用它来支付其他用户为你存储文件的费用。在ICO中，以太坊出售以太币，这是你用来支付运营DApp的货币。随着这种服务越来越受欢迎，对代币的需求就会增加，因此代币的价格就会上涨。那么，当你参与初创公司发行的实用型代币的ICO时，你在赌该公司所提供的服务会变得更受欢迎。另外，你还能以更便宜的价格预购该服务，如果你打算大规模使用该服务的话，就可以节省很多钱。

想象一下，如果一个糖果自动售卖机只接受某种街机代币（一个糖果需要一个街机代币），而街机代币的数量是固定的。如果糖果变得流行起来，那么随着越来越多的人需要它，街机代币的价格就会上涨。如果你早期用25美分买了一大堆街机代币，最后价格涨到1美元，你就走运了，你可以以1美元的价格卖出一个街机代币，收获75美分的利润，或者你可以用这些代币去买糖果，每吃一个糖果你就可以为自己节省75美分。

在这个例子中，如果你想经常使用糖果自动售卖机，或者你只想从中获利，那么你应该尽早购买糖果自动售卖机的代币（相当于ICO）。这意味着实用型代币的价格是由两方面的因素决定的：一是服务本身的价值，以及投资者对公司成功趋势的看法。二是与证券型代币相同。请记住这一点，因为它对于以后的法律合规考虑很重要。

尽管实用型代币通常比证券型代币更常见，但这两种代币的ICO都是可行的。我们认为，这是因为两种代币为加密数字货币的初创公司提供了两种提高代币价格的方法：要么改进服务，要么在投资者群体中产生影响力。

好的、坏的，还有欺诈的

发起ICO非常简单：你只需要一份白皮书来描述你的创业想法并介绍一些基本信息。目前，尚没有法规约束，任何人在任何地方都可以通过购买代币来支持你的想法。不管ICO提供的是证券型代币还是实用型代币，它们都提供了一种更便宜、更快速且没有繁文缛节的资金筹集方式。

ICO还允许普通投资者在初创公司的创建早期进行投资，使它们像众筹网站Kickstarter上的项目一样开放和便利。与之相比，传统公司的普通投资者只能在IPO之后进场。

但是，ICO的发布便利性也是其失败的原因。由于没有像IPO那样接受广泛的监督，所以几乎没有什么能阻止骗子们的胡作非为。据估计，有80%的ICO都属于诈骗，从2016年到2018年，ICO诈骗从普通投资者那里骗走了近1亿美元的资金。

当你投资ICO时，除了仔细查阅白皮书，你通常没什么可做的。你相信公司会兑现它在白皮书中所做的承诺，因为只有这样，你购买的代币才会增值。但公司往往不能兑现其承诺，更糟糕的是，没有什么能阻止一个欺诈性的公司取走其通过ICO筹集的资金，这些诈骗公司甚至在没有开发产品的情况下就开始运营。如果一家公司通过白皮书筹集资金，但是在没有做出任何东西前就消失了，这就是所谓的“退出骗局”。

数以百计的ICO被证明属于退出骗局。有一家臭名昭著的公司叫作LoopX，它是一家加密数字货币投资初创公司，它提供了一个模糊的“投资平台”，可以每周为投资者提供“保证的利润”。（是的，你没有看错。）但该公司于2018年2月无端消失了，它的网站和社交媒体都从互联网上彻底消失了。这起涉案金额达450万美元的诈骗案是2018年ICO领域发生的第五起重大诈骗案，而且在发生时，2018年才过去了不到两个月。

即使那些已经发展成熟的加密数字货币初创公司也可以拿着投资者的钱来运营，而且几乎没有人能对此做什么。在加密数字货币界，BitConnect 呈现了最著名的高收益投资骗局。BitConnect是一个投资平台，它承诺每天为投资者提供1%的回报，并且向投资者保证每个月提供40%的总回报。这就意味着，今天投资1 000美元，这些钱在3年时间内就可以变成5 000万美元。

这个商业模式很快就被标记为可疑的，但是这并没有阻止BitConnect的发展和增值。2016年，在ICO上市后其市值为60亿美元。整个2017年，该公司进行了一次积极的营销活动，吹嘘它为投资者带来了“利润”，但实际上BitConnect并没有进行任何投资——投资者获得的“回报”只是新投资者投入的资金!这是教科书上对金字塔骗局的定义。

Lending Amount	Interest (Accrued Daily)	Capital Back
$100 - $1000	Volatility Software Interest (up to 40 % Per Month)	After 299 Days
$1010 - $5000	Volatility Software Interest + 0.10% Daily (up to 40 % Per Month)	After 239 Days
$5010 - $10000	Volatility Software Interest + 0.20% Daily (up to 40 % Per Month)	After 179 Days
$10010 - $100000	Volatility Software Interest + 0.25% Daily (up to 40 % Per Month)	After 120 Days

一个关于BitConnect的表格在网络上流传，承诺每月给投资者几乎不可能实现的40%的回报。来源：TotalCrypto

2018年1月，该公司突然毫无征兆地关闭。BitConnect的加密数字货币的币值暴跌96%。许多投资者把毕生积蓄投入了BitConnect，而他们所投入的钱都付之东流了。与此同时，BitConnect的所有者在公司倒闭前就卖掉了自己持有的所有BitConnect的加密数字货币，并且获得了巨额的资金，然后他们就立刻消失了。

如果BitConnect是一家传统的公司，它可能永远不会有机会进行IPO，因为该公司所有的欺诈迹象很快就会被监管机构和审计机构发现。但如果没有任何人去关心其是否真的在按照承诺运行，BitConnect可能能够一直蓬勃发展下去。

缺乏对ICO的监管也让更多的传统犯罪分子在执法部门没有注意到的情况下筹集资金。2018年，臭名昭著的黑帮分子尹国驹（Wan Kuok-Koi）推出了“HB”代币的ICO，并且表示将在扑克锦标赛中用HB代币颁发奖金。因非法赌博和放高利贷而入狱14年的尹国驹，在HB代币开始销售的前5分钟就筹集了超过7.5亿美元。（这有点像Petro的案例，一个没有合法机构愿意借钱给他的人，设法用一种可疑的新型加密数字货币来筹集资金。）

简而言之，ICO面临着典型的加密数字货币领域的问题：去掉所有的监管者使创新变得更快、更容易，但也使诈骗和犯罪有了可乘之机。这是一种非常有趣的筹集资金的新方式，但是很多人都会怀疑，在这种方式的应用方面，是不是犯罪分子占据了更多优势。

ICO监管

ICO之所以能够长时间避开审查，是因为加密数字货币和代币没有被当作证券对待。美国证券交易委员会（简称SEC）严格监管证券的销售。股票被归为有价证券，这就是IPO要面临如此多的来自SEC的监管的原因。

与ICO相关的诈骗和犯罪活动数量之多令人不安，而这也使它们成了监管部门的重点关注对象。但是否有法律上的理由和规定来规范它们呢?

证券

当谈到ICO监管时，最大的问题是，加密数字货币和代币是有价证券吗?如果是，那么ICO可以，也应该像IPO一样被监管。

SEC有一项被称为“豪威测试”的长期测试，用来检查一项资产是否可归为一种证券。该测试表明，如果一个人将他的钱投资于一个普通的企业，并且仅仅从发起人或第三方的努力中获得了预期的利润，那么该投资就可归为证券。

基本上，如果你投资一家公司，希望它能给你带来利润，那你就相当于买了这家公司的证券。这是股票的定义，所以股票显然归为有价证券。

那么ICO可归为有价证券吗?请记住，ICO的两种代币类型：证券型代币和实用型代币。证券型代币绝对是有价证券——就像它的名字提到的那样。证券型代币与股票一样，你购买的代币会随着公司的发展而增值，因此它显然可以像股票一样受到监管。

实用型代币的情况更为复杂。回想一下，你购买实用型代币的原因可能有两个：在服务变得昂贵之前预先付费购买它，或者因为你希望随着服务变得更受欢迎而以更高的价格出售代币赚取利润。在第一种情况下，实用型代币不是证券，因为你不期望获得利润，只是想省钱；在第二种情况下，实用型代币的运作机制与证券型代币或股票非常相似，即你正在对公司进行投资，希望它能够实现增长，以便你能够获利。所以，在这种情况下，实用型代币是一种证券。

那么，从法律上讲，应该把实用型代币划分到哪里呢?区块链方面的律师马尔科·桑托利说，预售代币是有价证券，因为它主要用于投资（就像你在IPO中购买的股票也用于投资一样）。但他认为，在发行之后，实用型代币并不是有价证券，因为你购买它主要为了使用服务，而不是作为一种投资。我们认为，在发行之后，人们仍然将实用型代币作为一种投资。例如，尽管以太币是一种实用型代币，因为你使用它来运行以太坊DApp，而且以太币的使用历史已有多年，但是人们仍然使用它进行投资和投机。

所以，我们认为这两种类型的ICO代币都属于有价证券，因为人们总是将它们用于投资。因此，它们应该像股票一样受到监管。

证券交易委员会的制裁

SEC得出了类似的结论，并且在2017年宣布，ICO代币属于证券，将开始受到类似的监管。美国将禁止ICO，希望获得美国投资者投资的加密数字货币初创公司必须进行证券型代币发行（简称STO），它类似ICO，但受到与IPO类似的监管。一般来说，对加密数字货币的监管与股票类似。

对于那些喜欢用ICO作为不受监管的融资方式的初创公司来说，这是个坏消息。它们有两个选择：要么保留其ICO，只禁止美国投资者的参与；要么进行已获得法律和监管认可的STO。许多初创公司都选择第一种方式，因为这样比较省事。

有几种方法可以让加密数字货币的初创企业获得STO的批准：

- 向SEC正式申请注册。这需要与IPO一样的严格审查，因此难度很大，成本也很高。加密数字货币的初创公司在ICO上市时的规模通常远远小于普通初创公司在IPO时的规模，因此对于大多数加密数字货币的初创公司来说，这种选择是不适合的。大多数加密数字货币的初创公司寻求一种豁免，以允许他们在不向SEC登记的情况下合法地进行STO。
- 使用被称为D 506（c）条例（或称Reg D）进行豁免。Reg D规定，如果你只出售代币给经过许可的投资者，就不必向SEC提交申请。经过许可的投资者指的是那些拥有足够的财富和知识的投资者或公司，SEC认为其有能力处理高风险的加密数字货币投资。收入超过20万美元、净资产超过100万美元、成为注册经纪人或投资顾问，或者有其他专业或教育经验能证明他们知道自己在做什么的人，就可以成为经过许可的投资者。Reg D非常容易使用，想进行ICO的公司只需要说，“只针对美国的经过许可的投资者”，就可以立即进行符合Reg D的STO。因此，这可能是最受欢迎的豁免方式。
- 使用被称为众筹监管条例或Reg CF的豁免。这可以让所有投资者（经过许可或未经过许可的）参与，但是通过这种方式，一家初创公司每年只能筹集大约100万美元的资金。所以，由于融资上限过低，这种豁免方式不是很有用。

- 使用Reg A+。它允许任何人参与投资，类似Reg CF，但是有5 000万美元的融资上限。然而，这种发行必须得到SEC的批准，其审批是相当严格和困难的。Reg A+通常被认为比Reg D更好，但是更难通过审批，所以它是为规模较大的加密数字货币的初创公司而保留的。

在申请STO时，加密数字货币的初创公司通常会选择一种豁免方式（通常为Reg D）将代币卖给美国的投资者，并且使用一个单独的豁免方式（称为Reg S）卖给国外的投资者。Reg S规定，从本质上讲，只要公司采用某些经过批准的做法，就可以从任何海外投资者那里筹集到不设上限的资金。这就是你可能听说过Reg D/S或Reg A+/S STO的原因。

	需要SEC批准吗?	投资者的限制	筹款上限
在SEC注册	是的，并需要增加审查	无限制	无限制
Reg CF	不需要	无限制	100万美元
Reg D	不需要	仅限经过许可的投资者	无
Reg A+	是的	无限制	5 000万美元

在美国申请STO的主要方法，不同的方法各有优势。

交易所也需要为STO做额外的工作。出售STO代币或加密数字货币的交易所必须了解你的客户（简称KYC）并对买家进行反洗钱

（简称AML）检查，以确保购买代币的是真人，而不是机器人，而且这些人不是犯罪分子。这是一项非常耗时且成本高昂的工作（对于交易所来说），但是大牌交易所已经实施了。（顺便说一下，当你在Coinbase或其他交易平台上开设账户时，必须上传护照或驾驶执照的图片。这就是一种KYC和AML检查的方式。）

STO的回顾

STO给加密数字货币的初创公司一个选择：要么像传统的IPO一样在SEC注册；要么不注册，只卖给那些知道自己在做什么的人（经过许可的投资者）。这意味着，未经许可的美国投资者不能投资未经审查的STO——这保护了不那么富有和不那么知情的投资者，使他们不能参与基本上属于高风险的加密数字货币“赌博”。（这是一个真实存在的问题，许多新手投资者拿信用卡购买加密数字货币——这意味着他们在拿自己根本不拥有的钱进行赌博。不管怎样，SEC的这一规定旨在保护这些人。）总体来说，STO似乎提供了介于允许所有的ICO自由申请和完全禁止加密数字货币筹款间的一个公平的中间地带。

另外，STO使得普通投资者不可能对加密数字货币进行早期投资；ICO本应解决这个问题，但在这方面，STO并不比IPO好多少。一种批评的声音是，如果每个国家都采用自己的STO规则，那么法律负担可能就变得非常沉重——遵守美国的规则已经够难了，如果要同时遵守几十个这样的规则对于刚刚起步的加密数字货币初创公司来说就太难了。

随着时间的推移，我们预计加密数字货币领域的融资将越来越像传统的IPO融资。这意味着旧方法的所有优点和缺点——我们在这里已经提到了一些——将继续存在于加密技术的世界里。

第 8 章

接下来会怎样

比特币只是区块链技术的一个例子。加密数字货币只是去中心化技术的一个例子……我认为，去中心化网络将是下一个巨大的技术浪潮。区块链可以让我们的智能设备更好、更快地相互通信。

——梅兰妮·斯万，《区块链：新经济蓝图及导读》的作者

我真的很喜欢比特币……它是一种价值储存手段，一种分布式账本。如果你的风险偏好是激进型，比特币对你来说是一个不错的投资工具。但在比特币币值的波动性减缓之前，比特币不会成为一种货币。

——大卫·马库斯，贝宝公司的前任CEO

如今，加密数字货币的应用主要由初创公司发行的货币和企业后台工具所主导。但情况并不会总是这样。加密数字货币的角色和应用范围似乎将发生实质性的变化，有趣的是，它甚至可能不再使用区块链。

脸书公司的加密数字货币

2018年，脸书公司宣布将在WhatsApp上增加一种稳定币，这种稳定币专注于改善汇款，尤其是对印度的汇款。"汇款"这一术语在技术上指的是任何国际支付，但实际上，它主要指的是人们把资金汇给海外的家人。

随后，脸书公司在2019年宣布脸书Messenger也将提供稳定币。（脸书Messenger上的稳定币很可能与WhatsApp使用的是同一币种。）脸书公司在2019年发布的声明中甚至提到，它将部署相应的自动取款机，人们在那里可以将脸书的稳定币兑换为现金，脸书公司甚至允许其员工选择用这种稳定币来领取工资。

这个想法的初衷是，人们在相互转账时可以使用脸书公司的加密数字货币，也可以用这种加密数字货币进行在线支付。在支付领域做大做强将给脸书公司带来两大优势。

第一大优势是，它可以让脸书公司精确地跟踪用户都在哪些方面消费，这个信息对广告主来说是非常有价值的，并可以帮助脸书公司更好地应用定向广告。

第二大优势是，一旦脸书公司能够让用户把钱存在其平台上，脸书公司的App就可能成为“主宰”所有经济活动的App，这个优势更令人感兴趣。以微信为例：它最初是一款以信息收发为主的即时通信App，从2014年开始，它开放支付功能。在春节，微信通过允许人们发送电子红包，将中国的一个传统习俗数字化，从而吸引了人们的注意力。微信一旦拥有了数亿人的支付信息，它就可以让人们更便利地用微信来做任何事情，从打出租车、付账单，到买电影票和付房租。（用户需要在微信上绑定个人的银行卡。）

换句话说，微信从一款即时通信App成为满足在中国生活的几乎所有生活需求的“全能型App”，这无疑激发了脸书公司的灵感。脸书公司一直想按照微信的思路，将其App打造成可在世界各处使用的“全能型App”。当然，这一切都要从让每个人都开始使用脸书公司的App进行支付开始。

用于国际支付的加密数字货币

长期以来，脸书公司一直允许用户在其App上进行支付和购买，也就是说，你可以用脸书Messenger向朋友汇款，你可以在Marketplace上从附近的人那里买东西（从2016年开始），你可以直接在Instagram上买东西（从2015年开始）。这些功能还不够吗？那么，创建一个全新的加密数字货币还能带来什么好处？

这一切都取决于国际支付。在传统的金融体系下，境内（尤其是在美国）支付非常便捷。Venmo是免费的；美国的银行间转账最多需要支付几美元的手续费；使用支票付款只需要承担每张支票几美分的手续费；使用信用卡支付通常只交纳不到3%的手续费。对于上述这些支付方法，在最坏的情况下，其到账时间也就2~3个工作日。

但是，国际支付的情形更像一场“噩梦”。通常，把资金汇至境外的银行需要几周的时间，而且在汇款过程中出现以下情况也都很常见：转账的款项无法到账；由于安全和监管方面的因素，转账的款项被耽搁；糟糕的汇率“吞噬了”你的部分资金；被强加给你的超过50美元的转账费用。如果你需要从英国汇款至非洲某国，恐怕坐飞机亲自把钱送过去会更快、更便宜、更容易。

私有区块链专家克里斯·费里斯在西南偏南大会的一次演讲中给出了一个类似的例子：如果你想从美国汇1万美元至印度尼西亚，银行无法给你一个预估的到账金额或到账日期，你甚至不知道对方是否收到款项了。“最好”的汇款办法是，你用UPS将现金直接邮寄至目的地，这样你不仅会得到相应的保险和跟踪信息，而且你还能确切地知道要承担的费用，以及对方收到这笔钱的时间。简而言之，国际支付是十分不便利的。

关于国际支付，我们对汇款进行了一次有趣的案例研究。例如，印度每年收到的来自境外的汇款超过700亿美元。而且，正如你所预料的那样，国际支付的高昂手续费是不必要的。跨境汇款200美元的平均手续费为14美元，而跨境汇款500美元的手续费约为25美元（手续费的费率从5%~7%不等）。跨境汇款手续费呈逐年迅速增加的态势，据统计，美国每年的跨境汇款手续费总额超过300亿美元。这个问题如此严重，以至于联合国将“降低跨境汇款手续费费率至5%以下”列为其最大的国际发展目标之一。

因此，在传统的金融体系下，境内汇款又快又便宜，而跨境汇款严重失衡。加密数字货币之所以重要，因为无论你的汇款金额是多少，也无论你把钱汇至哪里，其手续费都是完全一样的。不管你是在本地的咖啡馆买一杯5美元的咖啡，还是把100万美元汇至巴布亚新几内亚，如果用比特币进行支付，你花的时间（约1小时）和支出的手续费（1~2美元）都是一样的。

在美国境内汇款的金额	信用卡手续费	银行转账手续费	比特币手续费
10美元	0.30美元	免费	2美元
1万美元	300美元	免费	2美元
1千万美元	（不现实）	免费	2美元

在美国境内通过各种方式汇款的大致手续费。

向印度尼西亚汇款的金额	通过UPS快递现金手续费	银行转账手续费	比特币手续费
10美元	30美元	（不现实）	2美元
1万美元	150美元	400美元	2美元
1千万美元	（不现实）	40万美元	2美元

从美国通过各种方式向印度尼西亚汇款的大致手续费。

这意味着，使用加密数字货币尽管对于境内的小额汇款来说没什么吸引力，但对于大额或跨境汇款来说，会改变当前的“游戏规则”。加密数字货币在跨境汇款方面的表现要远远好于传统的金融体系，这正是脸书公司（其增长主要来自发展中国家）如此热衷于将加密数字货币应用于其支付系统的原因。

脸书公司面临的挑战

从表面上来看，脸书公司的加密数字货币计划是有意义的：能大幅改善向境外汇款的操作体验；让人们习惯使用脸书公司的App进行支付；让人们用脸书公司的App做事或买东西。这些看起来都很美好，但我们感到，脸书公司随时将迎接挑战。

对于加密数字货币来说，币值的波动性是一个经典的问题，而对于支付来说，这个问题尤其严重。人们都不希望使用一种可能在一夜之间贬值10%的货币来支付。脸书公司希望将其加密数字货币与一篮子货币（美元、日元和欧元）挂钩，以保持币值的稳定性（也会降低币值的波动性）。然而，让全世界的人都相信加密数字货币的币值可以保持稳定，尤其是在加密数字货币的币值呈指数增长的情况下，是一项艰巨的任务。

用户信任也是一个问题。脸书公司虽然经受住了丑闻的考验，但这很可能使用户对脸书公司的信任打了不少折扣，进而不愿将自己的血汗钱兑换成脸书公司的加密数字货币。早在2011年，脸书公司就尝试过创造一种虚拟货币脸书 Credit，这种虚拟货币可以用来在脸书网站上购买App和游戏中的虚拟物品。但是，这种虚拟货币没有获得广泛的关注，脸书公司在两年内就把它废止了。很显然，脸书Credit的失败会降低开发者和投资者对脸书公司将继续投资其新的加密数字货币的信心，也会让普通用户完全不想使用这种货币。

我们的关切

尽管存在潜在的挑战，但我们认为，脸书公司对这个项目是认真的，毕竟它选择了贝宝公司的前CEO大卫·马库斯来领导其加密数字货币部门。

考虑到马克·扎克伯格在2019年宣布将把脸书的重心转向个人群组和私信，我们认为，脸书公司希望把其加密数字货币定位为具有市场主导性的隐私稳定币（Private Stablecoin，PUSD）。不过，大多数注重隐私的加密数字货币，如门罗币，其币值都是不稳定的。大多数稳定币，如泰达币，都是不关注隐私的。脸书公司期望其加密数字货币可以提供一种两全其美的解决方案。但事实是，人们总是很难知道脸书公司拥有哪些用户数据，以及它在用这些用户数据做什么。

退一步说，这又是一个说明加密数字货币的使用方式与它们的创始使命完全背道而驰的例子。加密数字货币本应是去中心化的，并且绕开强大的机构，但脸书公司的加密数字货币恰恰相反：它将由一家规模庞大的科技公司控制，所有的交易和数据流都将经由脸书公司。难道加密数字货币领域的最大赢家会是一个强大的机构吗？只有时间会告诉我们答案，但目前看起来确实如此。

法定货币代币化

许多人认为，货币的未来将取决于加密数字货币与法定货币间的“战争”，但这个说法并不准确。实际上，当一个国家开始将其货币表示为加密数字货币时，法定货币有可能通过一种被称为代币化的过程来采用加密数字货币的某些元素。

我们将通过一个思想实验使上述情形变得更清晰。假设美联储宣布推出一种叫AmeriCoin（简称AMC）的新货币，即一种新的代币，你可以以1美元1枚的价格从美联储购买这种货币，也可以以1美元1枚的价格将其卖给美联储。目前，银行、信用卡公司和其他金融机构均将账户余额表示为数据库中的数字。在这个假设的世界里，这些金融机构实际上会储备AMC。当你的老板付你工资的时候，他会把相应金额的AMC转到你的银行账户。当使用信用卡付款时，你会要求银行把所需数额的AMC转到信用卡公司。例如，对于你申请的一笔汽车贷款来说，借款机构会把所需数额的AMC打到你银行的账户里，或许还会与你签订一份智能合约，即每月自动从你银行的账户里扣除一定数额的AMC作为利息支出。

在更宏观的层面上，当美联储想要增加或减少流通中的货币总额时，它会通过向银行购买或出售债券来达到这一目的。[1]目前，美联储有一个内部账簿，记录了每家参与其中的银行的资金数额。当美联储购买或出售债券时，它只需要更新银行的信贷总额，实际上没有发生现金交易。在这个假设的世界里，美联储也可以用AMC向银行购买或出售债券，债券也可能被表示为代币。

如果政府真的想推动AMC的大规模使用，它甚至可以允许或要求美国人使用AMC向国税局缴税。据说政府可以通过强迫人们纳税来让他们的钱有价值。在这种情况下，政府可以鼓励或强迫人们使用AMC。

法定货币代币化的有限效果

这个将美元代币化的假设世界从表面来看可能表现得与现实世界

1 有关货币政策和其他宏观经济概念的更多信息，见附录B。

没什么两样，但实际上非常不同。在底层，交易使用的是加密数字货币。对于普通居民来说，由于所有的金融机构将自动兼容新的货币，在账户、投资和贷款之间转移资金将不再有麻烦，因此执行效率可能有小幅提高。

同时，政府可能得到一些好处。根据AMC的设置，政府可以跟踪更多的交易，以打击逃税行为，并能更好地了解经济状况。法定货币代币化还将迫使政府和工业银行系统进行急需的现代化升级。要知道，很多政府和工业银行系统仍然使用的是一种被称为COBOL[1]的古老编程语言，这种编程语言在1960年是热门的新事物。让人人都使用区块链可以提高资金的安全性，并防止由于COBOL的持续老化所带来的严重故障。

虽然法定货币代币化会带来一些效率和安全方面的改进，但它不会改变经济结构。打个比方，想想美国在1933—1971年从金本位制（当时，所有美元都可以兑换成等额黄金，或者将黄金兑换成等额美元）转向法定货币的过程吧。放弃金本位使美国经济更加稳定，因为美国政府可以根据经济运行的强弱自由地投放或回收货币。（相对凭空创造黄金来说，凭空创造债券更容易实现！）但是，不管怎样，绝大多数的经济结构保持不变：如银行、纸币、美联储、贷款、信用卡等这些要素都依然存在。

同样，即使所有人都用AMC交易，而不是用现金或通过银行转

---

1 COBOL语言是一种面向过程的高级程序设计语言，主要用于数据处理，是目前国际上应用最广泛的一种高级语言。COBOL是英文Common Business-Oriented Language的缩写，原意是面向商业的通用语言。

账，也需要保留所有现行的金融机构。人们仍然需要通过金融机构获得贷款。人们仍然需要信用卡提供的欺诈保护和处理争议支付的功能。美联储仍然需要调控市场中的货币流通总量（通过货币政策）来保持经济的活跃。人们仍然希望通过银行、券商等金融机构来进行储蓄和投资。这些金融机构的表现形式可能改变，但它们仍将存在。

面值10万美元的钞票

我们认为，在未来几十年里，很多国家都可能对其法定货币进行代币化。法定货币代币化可能需要做大量的工作，但它可以提高效率和安全性，而且法定货币代币化不会带来太多的负面影响。但法定货币代币化也不会像一些人认为的那样将带来重大的变化，因为金融体系的结构将具有很大程度的相似性。

在思想实验中，我们虽然提到消费者可能接受假设的AMC，但我们认为，这种AMC在实践中是不可行的。大多数人不希望遇到诸如钱包（指加密数字货币的钱包）、长私钥、不可逆转的交易等麻烦事。很显然，当前的金融体系已经够复杂的了。因此，我们认为加密数字货币将主要用于“幕后”，例如，将加密数字货币应用于银行间的交易或公司间的大额支付。

这与20世纪初美国使用的面值10万美元钞票有着异曲同工之处。无论是法定货币代币化，还是10万美元钞票，它们从来都不是给消费者使用的。事实上，没人会希望使用或携带一张面值10万美元的钞票，因为把这么多现金放在身边很可能导致意外（如被抢劫）。面值10万美元的钞票只用于银行间的大额支付，例如，当美联储在购买债券后需要向参与交易的银行注入大量资金时。

一张20世纪初发行的面值10万美元钞票。它只用于银行间的大额支付。
来源：维基媒体

换句话说，加密数字货币在货币中的作用将类似20世纪初发行的面值10万美元的钞票，即提高交易效率，但这远远超出普通消费者的应用范围。

人民币的代币化

当我们与沃顿商学院教授、区块链学者凯文·沃巴赫交谈时，他很快就说出了一个国家的名字——中国，并指出中国对法定货币的代币化特别感兴趣。

我们同意他的直觉。毫无疑问，中国正试图让人民币成为世界的主要储备货币。储备货币是货币界的“通用语言”：世界各国都可以使用储备货币来偿还国际债务；购买黄金和石油等大宗商品；与其他国家进行贸易。国际货币基金组织（简称IMF）拥有一份世界顶级储备货币的精英名单：美元、欧元、英镑、日元，以及人民币（自2016年起）。

对于中国来说，人民币被加入世界顶级储备货币名单绝对是个好消息，因为这表明人民币得到了决定储备货币名单的IMF的认可，这将帮助中国进一步融入全球金融市场，并且让中国与其他国家做生意也变得更容易。（因为任何与中国的贸易均可以使用人民币进行结算，而不用再兑换成其他储备货币。）目前，美元仍然是最受欢迎的储备货币，中国则希望人民币取代美元成为最受欢迎的储备货币。

走上前台

通常，一种普通货币很难摆脱美元的阴影，但如果中国先于其他国家将人民币代币化，这将成为一个令人瞩目的案例，进而也能证明中国不同于其他国家。因此，人民币的代币化值得特别关注。

近年来，中国因人民币的贬值而饱受非议。人民币的贬值能够增加出口，因为同样数量的美元可以兑换更多的人民币，从而可以买到更多的中国商品。这有助于中国的出口导向型经济。但一些人认为这是不公平的。

人民币的贬值让许多投资者和国家都对是否要接受人民币有些犹豫。如果中国要发行一种代币化的人民币，那么政府就不能单方面使其贬值（在加密数字货币的源代码中没有贬值机制），这才有助于该货币获得信任。

卧薪尝胆

已经有一些明显的迹象表明，中国正在努力为一场大规模的人民币代币化做准备。

正如我们在书中提到的，中国对加密数字货币的管控曾经非常宽松，让该领域在中国得以蓬勃发展。你应该还记得前面章节提过，中国完全主导着比特币经济。但在21世纪10年代中期，中国开始严格管控加密数字货币，对比特币采取了激进的措施，禁止ICO，并且不准在国内举办有关加密数字货币的会议。

如果大多数主流加密数字货币在中国被禁止，那么中国所有的加密数字货币爱好者和公司将何去何从？可以预期的是，如果中国发行由政府支持的加密数字货币，那些加密数字货币的爱好者将会投入政府的怀抱。

中国也一直在投资可实现这一目标所需的技术。自2016年以来，中国人民银行已经注册了至少78项与加密数字货币有关的专利，其中至少有44项专利与区块链有关。中国人民银行还为其新成立的数字货币研究所积极招聘经济学家和开发人员，该研究所的使命是："发行和分销一种基于区块链的货币。"很显然，中国对待加密数字货币的态度是认真的。

更明确的迹象是，中国已经开始研究加密数字货币的原型：在2017年，中国开始对加密数字货币进行模拟运行，并开始测试与中国主要银行间的模拟交易。

我们的直觉是，中国最终将禁止所有非政府控制的加密数字货币，因为政府通常对自己无法控制的技术感到不安。但从技术层面来说，大多数加密数字货币基本上都不在中国的控制范围内。

另外，我们认为中国将建立一个人民币代币化的原型，并在非洲进行测试。中国是非洲最大的经济合作伙伴，一直在非洲各地大力投资基础设施建设。考虑到非洲货币币值的波动性，代币化的人民币会很受多数非洲国家的欢迎，因为它具有相对的透明度和稳定性。或许，中国将创造一种以人民币背书的非洲货币“非洲元”，类似欧洲的欧元，以在整个非洲流通。

一旦上述问题在非洲得到解决，中国就可以在其国内发行代币化的人民币，然后将这种货币逐渐应用到世界各地。这将为中国的加密数字货币成为数字支付的主导货币奠定基础，并最终使人民币成为全球主要的储备货币。本节的很多观点在很大程度上都是根据我们的推测而提出的，但当你把所有分散的观点联系起来，你会发现，这些“推测”很有可能就是中国正在策划的。

物联网和区块链之外

正如脸书公司和中国正在重新思考我们所熟知的加密数字货币那样，物联网也正迫使我们重新思考我们所熟知的区块链。

物联网的前景和问题

如今，从飞利浦的“秀”系列智能灯泡到联网的心脏监测仪，再到智能牙刷，各种各样的设备都可以联网。物联网设备不再是普通的消费品，由于配备了智能传感器，它们可以适应它们所处的环境并生成大量的数据，这两点对于工业应用都是非常有用的。因此，物联网在制造业、交通、汽车、医疗保健等领域具有巨大的潜力。

物联网设备最大的问题是缺乏安全性。事实证明，远程入侵物联网设备出奇地容易，而且由于这些设备能直接影响现实世界，所以它们潜在的危险成倍增加。我们可以列举很多可怕的故事。例如，黑客通过联网的摄像头监视你家的宝宝；侵入你的打印机以读取正在打印的机密文件的内容；《连线》杂志的研究人员甚至能远程关闭行驶在高速公路上的一辆吉普车的刹车系统。另外，如果有人侵入了心脏起搏器并改变了它的数据或源代码，那么使用这个心脏起搏器的人可能因此受到严重伤害甚至死亡。

Nest公司推出的智能恒温器是最著名的物联网设备之一。来源：维基媒体

物联网设备的另一个问题是，它们所使用的仍是传统的中心化的网络。大多数物联网设备不能做出太多决策，而是将数据发送到中央服务器，由中央服务器做出决策后再告诉设备要做什么。这引入了所有与中间人有关的常见问题：有大量昂贵的开销；通信速度缓慢；如果中央服务器宕机或与服务器的连接失败，整个系统可能崩溃。如果你在制造汽车的过程中需要集成上万个物联网设备，那么你肯定不想把一切都押在一台服务器的安全性和可靠性上。

换句话说，物联网要想取得成功，物联网设备就需要一种安全、防篡改和去中心化的方式来存储、访问及共享数据。

物联网和区块链

前面谈到不少物联网具有的问题，那么如何解决这些问题呢？我们认为，将区块链应用于物联网就是很好的突破口。例如，区块链在汽车工厂里就可以发挥其独特的作用。汽车工厂里有一些物联网设备，它们都可以在区块链上存储所有它们收集到的数据（当前可用的零部件数量、室温、任何缺陷的位置）。由于每个物联网设备都会在自身存储一份区块链副本，所以它总是能获得最新的信息，而且，即便互联网连接短暂中断也不会出现问题（但对于完全依赖中央服务器的设备来说，会遇到麻烦）。

更重要的是，由于区块链实际上是防篡改的，所以攻击者很难破坏区块链上的数据。如果物联网设备只被允许运行智能合约（其行为是可预见的），那么攻击者就很难让物联网设备失控。如果人们无法篡改设备的数据或行为，这显然是非常安全的。

区块链的缺陷

不过，区块链并不能完美适合物联网。想象一下，假设你负责一家制药厂，出于安全的考虑，生产出来的药片需要在温度不超过32ºC的环境下储存。为了监测这一指标，你需要在瓶盖上安装一个微型的联网温度传感器。该传感器会持续监测温度，如果读取到的温度数据高于32ºC，它会运行一个智能合约，在区块链中添加一个条目，指出药片被不当储存。这样，每个相关的人，从制造商到药店、医生和病患，都将知道温度超标是在何时何地发生的。

不过，这个解决方案将生成大量的交易。每个药瓶的传感器可能每隔几分钟就会测量一次温度，并将其写入区块链。如果将这个解决方案应用到数百万个药瓶，那么这些药瓶的传感器每小时就会向区块链添加数百万条交易数据。

但是，正如我们之前所提到的那样，区块链的构建并不是为了处理这种规模的数据。比特币每秒只能处理大约3笔交易；以太坊每秒可以处理大约15笔交易。请注意，区块链的每笔交易都有交易费用。虽然每笔交易的交易费最多一两美元，但如果每小时进行数百万笔交易，那么交易费就会变得非常昂贵。如果使用私有区块链，可以避开挖矿成本，但是其有限的交易量仍然是一个瓶颈。

区块链的交易量之所以如此有限，是因为矿工一次只能挖掘一个区块。由于区块的容量只能容纳有限的交易，而且区块生成的时间几乎是恒定的，所以每秒所能处理的最大交易数量也几乎是固定不变的。因此，即使有成千上万的人想挖矿，但每次只有一个幸运者能真正获得挖矿的权限。如果多人同时开挖一个区块，区块链就会分叉，这就违背了拥有线性历史链的初衷。

很显然，为了让区块链能真正为物联网服务，就必须摆脱线性链，即必须让多人同时添加交易。只有这样，才能每秒处理成千上万笔交易。换句话说，要让区块链为物联网工作，你还必须“摆脱”区块链。

缠结

一家名叫埃欧塔（IOTA）的初创公司接受了这一挑战，并创建了一个针对物联网优化的区块链替代方案。这种被称为缠结的替代方案允许许多人同时添加交易。缠结不是由区块组成的单一线性链，而是以一种类似意大利面条式的数据结构来连接一系列的交易。

缠结完全摆脱了挖矿。在缠结中添加一个交易时，你不必向验证你的交易的人付钱。相反，为了添加新的交易，你必须验证之前生成的两个随机选择的交易。也就是说，任何进行交易的人都可以有效地为以前进行过交易的人提供验证帮助。这意味着，使用缠结的用户根本不需要为交易付费。

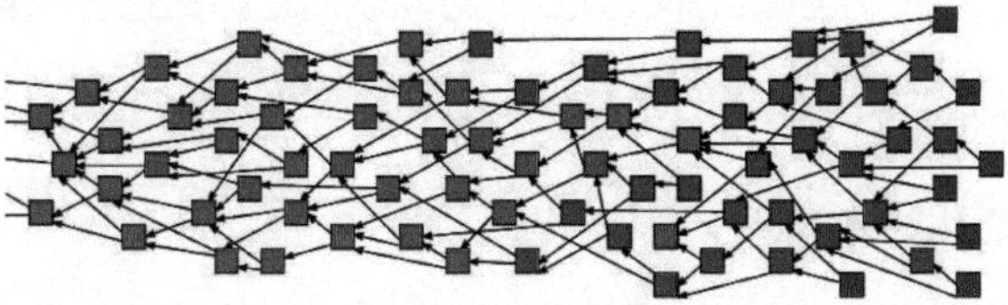

图示为缠结的关系图，越向右侧交易越新。每个新交易要验证两个随机选择的在本次交易之前未经验证的交易。如果一个交易经过许多后续交易的验证，那么可以更加确定它是合法的。在图中，全新的（未经验证的）交易位于右侧，新验证的交易位于中间，而经大量验证的交易位于左侧。

来源：埃欧塔公司

由于不存在线性的区块列表，所以无数的人可以同时向缠结添加交易。你甚至不必知道其他人在做什么，即你只需随机选择两个交易来验证，而不管其他人在做什么。（在区块链中，你总是需要检查哪些交易在内存池中，哪些交易可以被挖掘。）这就是缠结可以并行添加交易的原因。

由于设备不需要不断地检查其他人在做什么，所以即使它们处于离线状态，仍然可以向缠结添加交易，只要它们稍后可以与缠结同步即可。这种运作方式对于物联网设备来说简直太棒了，因为物联网设备并不总是在线。

缠结成功地提供了这些好处，同时还保持了与区块链类似的安全性。随着时间的推移，一个交易会被越来越多的新交易所验证，而新交易本身也将得到验证，等等。这个过程会一直持续下去。最终，一个交易将拥有一个多层次的验证结构（类似千层蛋糕）。从整体来看，这些交易出错或导致欺诈的概率变得非常小，所以你可以非常自信地认为这些交易都是合法的。

简而言之，缠结不需要挖矿，没有交易费用，具有无限的可扩展性，具有强大的安全性，并且减少了对互联网连接的过分依赖。这使得缠结成为物联网设备所需的大量并发通信的理想选择。

去中心化账本技术

缠结的例子表明，加密世界不仅有区块链，而且还有各种各样的基于去中心化账本概念的技术。除了区块链和缠结，其他形式的去中心化账本技术仍在不断涌现，有很多还尚处探索阶段。

你甚至可以放弃去中心化的打算，就像亚马逊云服务的量子账本数据库（简称QLDB）所做的那样。QLDB由可信的中央机构拥有，因此牺牲了区块链的去中心化，但是它保持了区块链的透明性、不变性和验证性。（QLDB是为公司内部使用而设计的工具。由于公司已经是中心化的了，因此不需要去中心化。）

从本质上来说，所有这些技术都是为了保存详细的、防篡改的历史记录。对于区块、链，甚至是去中心化，这些最终都是我们可选的技术手段而已。

第 9 章

未来的展望

比特币是一种比郁金香球茎更糟糕的欺诈……它的泡沫最终会破裂。

——杰米·戴蒙，摩根大通CEO

仍然在考虑比特币。没有结论意味着既不赞成也不拒绝。要知道，当纸币取代黄金时，人们也曾持怀疑态度。

——劳埃德·布兰克费恩，高盛前CEO

在最后一章中，我们将回到本书的主题：区块链、加密数字货币和与其相关的技术，它们所呈现的到底只是一个泡沫，还是一场真正的革命?

货币的未来

与许多著名的加密数字货币支持者一样，比特币企业家和扎克伯格的竞争对手卡梅伦·文克莱沃斯认为，加密数字货币就是“货币的未来”。而在我们看来，情况要复杂得多。

我们已经探讨过法定货币代币化，这可能不是什么惊天动地的事，但也不是个坏主意。所以，随着时间的推移，一些国家很可能将开始对其经济的一部分进行代币化。有充分的证据表明，中国正在这么做，巴西和新加坡也已开始探索法定货币代币化。但从经济学的角度来说，代币化的法定货币仍然是法定货币，即政府最终控制着货币，货币的价值仅基于对国家政府的信用。

换句话说，任何由政府控制的加密数字货币所表现出的运作形式都可能类似于今天的法定货币。更有趣的问题是，私人拥有的加密数字货币（如比特币、以太坊、门罗币等）会取代政府掌握的货币吗？这就像回到了金本位制，由于政府对经济没有绝对的控制力，货币的价值将由政府之外的力量来决定。

人们的愿望

要回答这个问题，先从普通人的角度来思考这个问题是很有帮助的。人们希望在所有的金融活动中使用比特币吗?

在所有的金融活动中使用加密数字货币有以下几个较明显的弊端。

- 加密数字货币在小额支付中的表现比当前的支付体系更糟糕，如较高的交易费用、较长的交易时间等。因为小额支付的单笔数额都很小，这个痛点自然很难被忽视。
- 支付是不可逆转的，这虽然增加了黑客攻击的难度，但对消费者来说也是有风险的。曾经有过这样的可怕事例：有人的Coinbase账户被黑客侵入了，损失了10万美元。而且，与传统的金融体系不同，在加密数字货币领域，被盗的钱是绝对不可能找回来的。很显然，许多人不愿意承担这么大的风险。
- 币值的波动性仍然是个大问题。到目前为止，所有的稳定币都与法定货币挂钩。如果没有更多的法定货币，就很难找到建立稳定币的新方法。或许，主流加密数字货币的币值的波动性将在未来大幅下降，但这很难预测。
- 正如沃顿商学院的教授凯文·沃巴赫告诉我们的那样，加密数字货币对普通人来说仍然过于复杂和难以使用。管理私钥和多种货币是一件麻烦事。因为一个错误的举动（例如，将比特币发送到一个输入错误的地址）就能让你的资金永远消失，如果人们误解了有关加密方面的一件事，他们就真的会遇到麻烦。事实上，美国人对金融的无知程度已经高得惊人。例如，有2/3的美国人无法正确计算利息支出。可见，使用加密数字货币很可能给人们带来更多的麻烦。货币本不应该太难理解，也就是说，你不应该非要读一整本书（如本书）才能正确地理解它们。

简而言之，大多数人想要一个能正常运转的货币体系：它应该稳定、包容性强、易于使用。在所有这些方面，加密数字货币体系输给了我们现有的货币体系。普通人不太关心去中心化。因此，我们估计，这样的景象，即所有人都吵着要用加密数字货币来取代政府控制的货币，不一定能马上看到。

国家的愿望

如果自下而上推广加密数字货币的效果不理想，那么自上而下推广加密数字货币的效果又会如何呢？各个国家会放弃对本国货币的控制权，让比特币这样的加密数字货币成为法定货币吗？

其实，这个问题的答案已经很明确了：如果可以选择，没有哪个国家会自愿放弃对本国货币的控制权。正如纳斯达克的前副总裁约翰·雅各布斯所解释的那样，如果一个国家将比特币作为主要货币，那么该国中央银行对经济进行监管的难度就会增加很多。（为了避免物价的突然波动，中央银行需要不断地调整货币的流通总量，即货币供应量。货币供应量必须与人们需要使用的货币总量或货币需求量相匹配。随着人们在节假日期间的消费增加，货币需求量也相应增加，而在经济衰退期间，货币需求量相应下降。）

在法定货币的体系下，像美联储这样的中央银行可以通过向银行购买或出售债券来投放或回收货币，这使得根据需求改变货币供应量变得非常容易。但在一个基于比特币的系统中，银行不能印钞，它必须保留数十亿美元的比特币储备，并根据需求向经济中注入或从经济中移除这些储备。国家仍可以改变货币供应量，但其限制更多、灵活性更小。

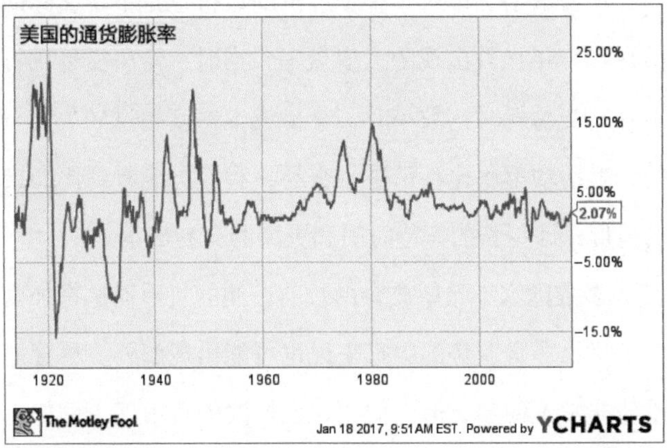

图示为美国的通货膨胀率。在1971年以前，美国（至少部分）实行的是金本位制。请注意，在美国放弃金本位制之后，通胀稳定了许多。

来源：The Motley Fool 和 YCharts

上述情形与美国在金本位时代的情形非常相似。在1971年以前，美国政府必须在肯塔基州的诺克斯堡储备大量的黄金，以制定货币政策或与外国进行贸易。如果你看过007系列电影中的《金手指》，你就会知道储备大量的黄金有多大的安全风险。如果美联储不得不把大量的加密数字货币储备放在某个钱包里，我敢打赌，世界各地的黑客会不间断地攻击它。

但金本位的制度最终导致的结果是黄金囤积。在经济不景气的时期，人们倾向于囤积黄金，这使得政府更难以获得黄金。由于可用的黄金越来越少，政府无法向经济注入足够的资金，这意味着经济将持续走弱。也就是说，小的经济问题被放大了。如果政府必须使用加密数字货币，这种事情就会发生，但没有哪个政府希望发生这种事情。

因此，一个国家若失去调节经济的能力，它对经济就没有掌控力了。此外，加密数字货币对于整个经济的运行也是不切实际的。还记得比特币在2017年12月出现的大崩盘吗？当时，希望交易比特币的人数达到顶峰，交易耗时达数小时，交易成本一度超过50美元。如果整个国家的金融活动都用比特币进行交易，我们可能看到比2017年12月更糟糕的情形，即更长的等待时间和更高的交易成本。

虽然大多数国家不希望放弃由政府控制的货币而选择加密数字货币，但对于货币非常弱势的国家来说也可能出现例外。尽管加密数字货币的币值非常不稳定，但它们比完全崩溃的货币好。例如，与年通胀率一度高达百分之八十三万的委内瑞拉的主权玻利瓦尔及年通胀率高达百分之八百亿的津巴布韦的津巴布韦元相比，币值偶尔出现两位数波动的比特币似乎相对稳定很多。因此，面临极端货币困难的国家可以采用加密数字货币，以实现相对稳定。

然而，如果一个国家已经计划放弃它的法定货币，为什么不像津巴布韦那样采用一种成熟的法定货币（如美元）呢？这能比加密数字货币带来更高的稳定性。

津巴布韦发行的面值100万亿元纸币，该纸币是在2008年该国经历大规模恶性通货膨胀时印制的。来源：维基媒体

我们的判断

在正常的经济时期，大多数人不会从政府控制的货币转向非政府控制的加密数字货币（如比特币），当然，大多数国家的政府也不会放弃法定货币而支持加密数字货币。

但在经济崩溃或货币崩溃期间，我们会看到加密数字货币被用于非官方的数字交易。例如，在2008年津巴布韦出现恶性通货膨胀期间，人们开始非正式地使用美元、日元、印度卢比等货币。但无论是以现金还是数字形式，获得这些货币都是困难的。相对来说，获得加密数字货币是容易的。尽管加密数字货币存在种种缺陷，但它们可以作为任何人在任何地方容易获得的一种货币。在加密数字货币出现之前，这种最后手段是不存在的，所以它们应该为此获得更多赞誉。

总而言之，虽然政府运作的货币可能成为某种形式的加密数字货币，但我们认为政府运作的货币不会很快消失。当然，非政府运作的加密数字货币也将在货币体系中占有一席之地，但我们预计它们不会很快取代美元、欧元等法定货币。

加密数字货币的真正用途

我们在前面提到了一些问题，但这些问题并不能说明加密数字货币毫无价值。加密数字货币具有独特的货币属性，因此在特定领域做出了有价值的贡献。在我们看来，加密数字货币最有价值的两个领域是：支付和投资。

支付

正如我们在本书中所提到的那样，加密数字货币的一个独特之处在于，它对每笔交易的处理都是完全相同的，无论你把钱汇到哪里，汇给谁，汇了多少。有人曾经用比特币汇款3亿美元，而交易费用只有4美分！不过，如果你用比特币在境内汇少量的资金，其交易费用会相对较高，甚至可能比使用信用卡支付或银行转账的交易费用还要高。

而且，正如你所知道的那样，加密数字货币的交易速度很慢。维萨每秒可处理约45 000笔交易，而比特币每秒只能处理3笔交易，以太坊的交易速度相对较快，但每秒也只能处理约15笔交易。较新发行的加密数字货币均声称拥有更高的“每秒处理的交易数量”（简称TPS），但令人担忧的是，实际的TPS往往远远低于其标称的数值。例如，以太坊的竞争对手EOS声称其柚子币可支持4 000 TPS，但据科技网站“TheNextWeb”的分析显示，柚子币的交易速度从未在实际使用中超过250 TPS。

因此，尽管加密数字货币的交易速度太慢、交易成本太高、在境内小额支付方面无法取代信用卡，但加密数字货币在大额支付或国际支付方面能大显身手。我们认为，大多数汇款平台最终都会在幕后使用稳定币。当然，在接受稳定币方面，支付大额款项的人会更加谨慎，完全接受需要一个过程，但可以预期的是，对于像数百万美元这样的大额支付来说，稳定币最终将是一个合法的、受欢迎的选择。我们认为，亚马逊这类主流电子商务平台最终会接受稳定币，为那些不使用商家所在国货币或居住在其他国家的人提供服务。脸书公司新推出的加密数字货币也有类似的用途。

按照*Tokenomics*一书的作者托马斯·鲍尔的说法，在支付方面，单一加密数字货币不太可能超越其他货币。因为每种支付方式都各不相同，所以我们更有可能看到6~10种专门的加密数字货币脱颖而出。一种加密数字货币可能专注于安全性和法律遵从性，因此它可以占据大额支付领域；另一种加密数字货币则可能专注于移动银行，因此它可以成为国际支付的最佳选择。

投资

非稳定币可以视为一种有趣的投资选择。非稳定币的风险非常高，收益也非常高，对于那些极度激进的投资者来说，投资非稳定币比投资股票更刺激，可能的潜在收益也更高。

好消息是，作为一种投资选择，加密数字货币正在慢慢被人们接受。现在，人们可以利用自己的退休账户来投资比特币了，并且也有许多基于加密数字货币的ETF可供选择了。

大型金融机构也在纷纷试水。高盛集团在2018年宣布将开设一个负责比特币交易的部门。该部门不会买卖实际的比特币，而是运作与比特币币值挂钩的合约。就连摩根大通集团也宣布，将开始交易比特币期货[1]。众所周知，摩根大通集团的CEO曾将比特币称为"欺诈"。

这种制度上的探索正在使加密数字货币看起来更像合法的投资选择，但是加密数字货币仍然还有很长的路要走。纳斯达克前执行副总裁约翰·雅各布斯表示，阻碍加密数字货币发展的最大因素是其币值

1 比特币期货是一种合约，规定买家将在特定时间以特定价格购买特定数量的比特币。

的波动性，没有人愿意把自己的退休储蓄投入可能在一年内贬值一半的资产。约翰·雅各布斯表示，降低币值波动性的关键并不一定与监管的程度相关，而是应该进行更合理的监管，以防止情绪波动或突发事件将加密数字货币的币值送上"过山车"式的轨道。

目前，我们还不清楚所谓合理的监管指的是什么，但是托马斯·鲍尔认为，用STO代替ICO是朝着正确方向迈出的明确一步。许多人还表示，"了解你的客户"（简称KYC）和"反洗钱"（简称AML）法规通过降低加密数字货币对犯罪分子的"洗钱"价值，"拯救"了加密数字货币。KYC和AML法规强制交易所了解购买加密数字货币的人员信息，从而降低洗钱的风险。

托马斯·鲍尔表示，英国金融行为监管局（简称FCA）正在认真考虑制定必要的监管法规，以使加密数字货币成为合适的投资对象。他认为，一旦相关法规得到FCA的认可，投资界的其他机构将会紧随其后。纳斯达克也在等待合适的监管法规到位，其发言人表示，当该领域发展成熟并得到适当监管时，纳斯达克将对成为加密数字货币交易所持开放的心态。

总的来说，出台合适的监管法规对加密数字货币来说是一件好事。高盛集团前合伙人、Galaxy Investment Partners创始人迈克·诺沃格拉茨表示，合理的监管将让机构投资者感到高兴。机构投资者是代表他人进行投资的组织，他们需要加密数字货币保持稳定并受到良好监管，然后才能对其进行投资。

但从另一方面来看，所有这些法规都使普通投资者更难进入加密数字货币领域。迈克·诺沃格拉茨认为，这破坏了加密数字货币成为普通人的投资工具的目标。

约翰·雅各布斯预计，一旦适当的监管到位，加密数字货币将作为股票和债券的一种补充，而非取代它们，成为主要的投资工具。与股票和债券相比，加密数字货币的交易既慢又贵，所以加密数字货币不适合华尔街所流行的高频交易。迈克·诺沃格拉茨认为，加密数字货币非常适合机构投资者，因为他们不需要频繁地买卖资产。更重要的是，机构投资者对加密数字货币在更激进的投资组合中所表现的快速增长潜力非常欣赏。

约翰·雅各布斯认为，就短期而言，加密数字货币类的ETF依然是人们投资加密数字货币的主要方式。由于ETF平均了几种加密数字货币的表现，投资ETF意味着你押注的是整个加密数字货币的市场，而不是某一种加密数字货币。在加密数字货币可以一夜之间暴涨或暴跌的时代，这是一种更安全的投资工具。

当然，投资者仍要面临一些挑战。例如，大多数加密数字货币的币值是同步波动的，即当比特币的币值飙升时，其他币种的币值也会飙升，而当比特币的币值暴跌时，其他币种的币值也会暴跌。这意味着，ETF值得“骄傲”的卖点，即ETF甚至能消除个别投资标的之间的差异，使投资变得更平稳、更可靠，实际上有些言过其实。不过，约翰·雅各布斯也认为，从长远来看，每种加密数字货币都将根据标的资产的支付系统、区块链、App或特定货币所赋予的价值有不同的估值，这就像股票的价格基于该公司的业绩一样。也就是说，如果约翰·雅各布斯的理论是正确的，各种加密数字货币的币值就不会像现在这样如此紧密相关，从而使它们成为更稳定、更可靠的投资对象。

其他领域

我们认为，加密数字货币在未来能大展身手的两大领域将是支付（主要用于大额支付或国际支付）和投资（可作为现有投资产品的补充，但不替代股票和债券）。

此外，加密数字货币作为匿名的、私人支付的一种方式，还保留着一些利基用途。例如，一位希望向独裁统治下的反对党捐款的活跃分子肯定希望他的捐款能保持匿名。

问题是，随着时间的流逝，使用加密数字货币进行匿名、私人的支付也会变得越来越困难。这是因为，无论是反洗钱监管的要求，还是美国证券交易委员会有关STO的法规，大多数监管都把其重点放在将真实世界的用户身份与用户的加密数字货币地址联系起来。这对整个加密数字货币的市场来说是件好事，因为它降低了加密数字货币对犯罪分子的利用价值。事实上，人们普遍认为加密数字货币只被犯罪分子使用，这是阻碍加密数字货币普及的一大原因。但是这也意味着，加密数字货币作为可合法使用的隐私和匿名工具也将变得越来越没有价值，也就是说，加密数字货币的利基市场将继续萎缩。

这一切都极具讽刺意味：加密数字货币之所以会成功（就其使用量而言），是因为它放弃了许多初心。在最初，加密数字货币旨在颠覆旧的货币体系、切断银行与政府的联系。而现在，加密数字货币正与旧的货币体系融为一体，被银行采用，并受到政府监管。

私有区块链与公有区块链

当你考虑区块链的未来时，最好将私有区块链与公有区块链分开来看，因为它们的用途非常不同，面临的挑战也非常不同。（加密数字货币是建立在公有区块链上的，因此我们将新的山寨币也纳入公有区块链，以便进行分析。）

私有区块链可以在高层级上帮助组织通过其控制的流程来优化信息流和物流。例如，沃尔玛可以为其蔬菜供应链建立一个私有区块链，以更好地了解蔬菜在整个供应链中的物流情况。Xbox可以为版税的支付建立一个私有区块链，以实现资金在用户、发行商和制作室间自动转移。当然，私有区块链的应用不止于此，回想一下前面的内容，联合国已经开始使用区块链来跟踪难民的数字“积分”，以更好地掌握每个难民还能购买补给品的数额。在所有案例中，组织均能掌控整个流程（沃尔玛的供应链、Xbox的版税支付计划、联合国的援助计划）。

公有区块链的目标则是，在高层级上对普通公众所持资产的所有权和流向进行跟踪。例如，加密数字货币跟踪人们的资金流动；BandNameVault跟踪商标的所有权；FileCoin跟踪出租计算机存储空间的“租金”；Namecoin跟踪网站名称的所有权和销售情况。在这些案例中，区块链的创建者试图绕开中心化的权力“经纪人”；加密数字货币试图绕开银行和政府；BandNameVault试图绕开国家商标局；FileCoin和IPFS试图绕开像GeoCities或MySpace这样的大型网站；Namecoin试图绕开传统的域名注册商。

简而言之，私有区块链通过自上而下的方式来进行流程优化，而公有区块链通过自下而上的方式来跟踪有价值的事物。私有区块链与公有区块链使用了相同的技术，但以不同的方式进行应用。

不同的历程

到目前为止，私有区块链有着相对光辉的历程。私有区块链已经改变了好几个领域：供应链、票据交换所、版税支付，等等。现在，微软Azure、亚马逊AWS、Oracle云、谷歌云、IBM云和其他云计算服务都提供了云区块链解决方案，各种类型的公司都可以构建基于私有区块链的App。

与此同时，对于公有区块链来说，其唯一的成功案例是加密数字货币。但随着加密数字货币的发展，它面临着越来越多的审查和监管。构建当前中心化网络的去中心化版本的项目（如IPFS的去中心化互联网），仍然是爱好者们主要实践的利基项目。而对于一些更雄心勃勃的项目，如改造商标或网站注册等，都以失败告终。

不同的挑战

为什么公有区块链做得比私有区块链差那么多？这是因为公有区块链在三个方面面临着严峻的挑战，而私有区块链在这三个方面的情况都要乐观得多。

第一，公有区块链面临着“先有鸡还是先有蛋”的问题。如果有人已经在使用IPFS、FileCoin、Namecoin或其他类似的平台，你可能也会跟着使用它们，但如果每个人都要顾虑有没有其他人使用这些平台，那么就没有人会使用这些平台。私有区块链不必担心“先有鸡还是先有蛋”的问题，因为构建私有区块链的公司可以强迫人们使用它们。

例如，如果沃尔玛希望其蔬菜供应商使用新的区块链来跟踪物流情况，沃尔玛只需告诉他们必须这样做，也就是说，任何想继续与沃尔玛合作的供应商都会立即遵守使用新区块链的要求。

第二，公有区块链所涉及的技术的复杂度越来越高，使得它很难被构建。例如，在2018年推出的大零币（ZCash）承诺让用户进行真正的匿名交易，不过，详细介绍大零币如何工作的白皮书有62页复杂难懂的数学证明。相对来说，私有区块链通常不那么复杂，大多数私有区块链都不如比特币或以太坊复杂。另外，由于大多数云服务提供商提供“区块链即服务”[1]，即想使用私有区块链的公司可以租用它们，而不必从头开始构建私有区块链。

第三，公有区块链面临的最大且最有趣的问题是合法性的挑战。只有当每个人都认同去中心化的系统是合法的，并且能够强制执行他们对所有权的要求时，去中心化的所有权协议才有效。就像BandNameVault一样，尽管你可以在区块链上跟踪商标，但除非你能在法庭上获得商标主张的支持，否则没有人会使用它。你可以在区块链上跟踪土地的所有权和出售情况，但目前的情况是，法院不会将区块链的信息作为证据，银行也不会接受它作为贷款的抵押品。

与此同时，Xbox肯定会承认自己的私有区块链是合法的，因此，所有游戏发行商都有理由相信，Xbox会尊重区块链上记录的任何交易。

1　区块链即服务（Blockchain-as-a-Service，BaaS）是指利用公有区块链产生的数据，提供基于区块链的搜索查询、交易提交、数据分析等一系列操作服务，该操作服务集合可以是中心化的，也可以是去中心化的。

私有区块链的实现比较容易，因为它们的应用范围非常有限。私有区块链没有试图彻底改变社会对土地、艺术品或知识产权的所有权的跟踪方式，而是满足于对票据交换所背后的技术进行升级。

不同的未来

区块链仅仅是一种工具，因此，当需要解决诸如供应链自动化等技术问题时，区块链就会大放异彩。区块链对于改善目前基于旧技术或有纸办公的低效、复杂的系统非常有用。但是，区块链本身并不能像许多公有区块链App所希望的那样重塑社会，毕竟区块链只是工具而已。为了推动社会变革，公有区块链背后的发起人需要向用户做一些艰难的“推广”工作，如建立社区、吸引媒体关注，以及与政府合作制定政策。据我们所知，至少到目前为止，从事公有区块链工作的初创公司对构建这项技术充满热情，但对“推广”工作不那么感兴趣。

出于这个原因，我们更看好私有区块链，它不需要处理“推广”问题（人们只需要解决技术问题），而且私有区块链已经做得很好了。迈克·诺沃格拉茨和约翰·雅各布斯也有同样的看法，他们相信私有区块链虽然不像公有区块链那么迷人和雄心勃勃，但私有区块链更有潜力改变世界。

泡沫或革命

“区块链是泡沫还是革命？”这是我们在本书开篇就提出的问题。正如你现在看到的，答案比“是泡沫”或“是革命”更微妙。区块链、加密数字货币和相关技术（加密领域）将改变世界，它们凭借的不是无政府状态（许多人正是这样认为的），而是效率。它们会产生巨大的影响，但似乎不会像创造者所期望的那样。

反转

当中本聪阐述他对比特币的愿景时，他设想了这样一个世界：货币不再受银行和政府的控制，人们可以建立一个金融体系，而不必信任任何强大的机构。此后，大多数加密数字货币都有类似的“气质”。然而，显而易见的是，通过去中心化的、无政府监管的货币来建立经济体系是不现实的。对此，我们已经介绍了大量关于加密数字货币的币值波动性、交易速度、交易费用和带宽的问题。此外，加密数字货币并不总是像看上去那样去中心化。

随着加密数字货币开始更好地融入银行和政府，它已经开始有更多的成功案例。稳定币可以成为支付革命的基础，但如果没有强势的法定货币背书，稳定币就无法存在。加密数字货币正慢慢成为主流的投资工具，但这只是因为它接受了令银行和证券交易委员会感到满意的监管。很多国家正在采用加密数字货币，但只是将它们视为现有法定货币的代币化。

看来，由社区运营加密数字货币在未来并不会取代银行并削弱政府，而是被合理监管，这些加密数字货币可以顺利地融入现有的法律、金融和政治体系。

区块链也有类似的反转。在最初，区块链被设计为一种可以“记录对人类有价值的一切事物”的技术，从而引领了一个“去中心化的人”的时代，在那里所有的事物，如专利、版权、艺术品、房地产、股票等，都将被存储为加密代币。但是，到目前为止，我们看到很多

“把所有东西都放到区块链上”的努力要么还停留在原型阶段，要么已经失败了。公有区块链也不总是去中心化的，以太坊的创始人维塔利克·布特林就曾单方面强行对以太坊做了一次硬分叉，无视社区中一些人的抱怨。

与此同时，私有区块链极大地帮助了工业生产，使复杂的流程变得更加高效。私有区块链能监测农作物的土壤温度，管理汽车的保修服务，跟踪飞机的维修历史，等等。上述这些都是需要解决的却不那么引人瞩目的问题，私有区块链并一定就是完美的工具，但是，私有区块链正在为世界做出真正的贡献。

如果回顾一下加密数字货币迄今为止的历史，你会发现，这种乌托邦式的愿景其实难以实现。2017年7月至2017年12月，比特币的币值增长了10倍，但在随后的一年里，比特币的币值暴跌了80%以上。而且，在短暂的高点期间，比特币的交易是缓慢的、成本巨大且困难的。因此，尽管“货币去中心化、无政府监管”的想法很好，但基于此建立经济体系目前并不可行。

公有区块链的“表现”更接近区块链早期创新者的意图，即用去中心化的方式来跟踪任何类型的资产。但是，区块链的真正成功似乎来自私有区块链，私有区块链实际上是非常中心化的。

极具讽刺意味的现实

因此，加密领域所呈现的极具讽刺意味的现实，也许也是本书的主题，也就是说，加密技术的成功在于，它所实现的与其初衷恰恰相反。像比特币这样的非政府运营的加密数字货币和像以太坊这样的公有区块链都十分接近去中心化的创始精神，但更有可能的是，由政府运营的加密数字货币（代币化的法定货币）和私有区块链将最终胜出。加密技术将使政府和大型企业变得更强大，而不是相反。想想看，区块链如何帮助沃尔玛和微软这样的巨头增加它们的利润，以及中国如何通过人民币的代币化来影响世界上更多的国家和经济体。

但是，为什么会出现这种反转呢？其中一个原因是技术的局限性：创建一种非易失性的加密数字货币所需的大量资金和资源只能由政府和像脸书公司这样的大型公司来调配，而区块链所具有的交易速度缓慢、交易费用昂贵和复杂性等特点使得它不适合日常使用，但对于一些经营某类专门业务的公司来说是可行的。技术的发展无疑非常迅速，或许下一种大型加密数字货币或区块链平台将解除这些限制。

更基本且更有趣的是，反转的原因还可以归结为技术的创始哲学和变革理论。

区块链和加密数字货币都基于精心研发的技术：它们安全可靠，其背后的计算理论是坚实的。这一实现不可改变的、共享的交易历史的想法是非常强大的。

不过，当这些技术出现时，人们并没有认真思考这些技术将如何推动社会变革。当然，你可以开始在区块链上跟踪房地产和股票，但是由谁来把这些系统从原型变成全世界都可使用并被普遍接受的系统呢？当然，你可以创建一种新货币，但是如何才能改革整个世界的金融体系（其规模和复杂程度远超常人理解）呢？当然，你可以利用智能合约和基于区块链的治理系统来构建替代政府（职能）的技术，但是如何才能使政策、法律和治国方略都正确呢？创造区块链和加密数字货币的技术人员更善于解决棘手的技术问题，而不是这些社会问题。

如果在火星上建立了一个殖民地，并从一开始就宣布所有的货币都将采用加密数字货币，所有的资产所有权、合同、产品和服务都将使用区块链，这可能行得通。问题是，这在地球上根本行不通：我们的经济、社会和政治体系已经形成了数千年，改变它们是极其困难和缓慢的。也许，加密技术的创造者太过乐观：你不能只是“破坏”那些监管着数百万人的政府、管理着数十亿美元的银行，以及每年流动着数万亿美元的经济体。

宏大的图景

当一个效率低下的系统需要一个纯技术的解决方案时，加密技术是有用的：它能简化国际支付，修复有缺陷的供应链，等等。但是，一旦开始涉及有关“人”的问题，如法律、治理、经济等问题，与所有技术一样，加密技术也遇到了麻烦。

因此，对于大多数成功使用加密技术的机构来说，它们只是需要更好的技术工具。这些机构往往是大公司、政府和银行，这些机构使用区块链和加密数字货币来提高效率、透明度、安全性，并节省成本。这些都是光彩照人之处，但它们肯定不是加密技术的创造者想要达到的。原本用来将权力分散的技术已经被证明赋予了那些有权力的实体更多的权力。

那么，加密数字货币和区块链是泡沫还是革命？从短期来看，加密数字货币的价格肯定会有涨有跌，基于区块链的App也会“花开花谢”。但从长远来看，我们并不认为加密数字货币和区块链是泡沫，因为它们肯定有价值，也肯定会改变世界，只是，它们改变世界的方式与它们被创建的初衷会有所不同。

附录 A

数字系统

我们非常习惯以10为基数或用十进制来计数：有10个数字，通过使用个位、十位、百位和千位（以此类推）来构建数字。当你看到某个地方写着“327”时，你的大脑正在计算（3×10^2）+（2×10^1）+（7×10^0）=300+20+7=327。我们习惯于以10为基数，以至于我们经常忘记它只是一种计数方法。

二进制

计算机不是以10为基数来“思考”的。事实上，计算机只能理解数字0和1，这使得计算机的数字系统是以2为基数的，即二进制。为什么计算机只能理解数字0和1呢？这是因为计算机依靠的是电信号，而电信号在任何给定的时间可以处于两种状态，即“通电”（用1表示）和“断电”（用0表示）。

这意味着，计算机不再使用个位、十位、百位等，而是使用1位、2位、4位、8位（以此类推）。二进制数中的每个位只能包含0或1。计到1后，就需要进位。用二进制数从0计到10，需要使用以下二进制数：0、1、10、11、100、101、110、111、1000、1001、1010。当进行二进制加法运算时，逢2进1。这就像我们在小学学习加法时，如果2个数字相加后的和大于10，我们就知道需要进1位一样。

二进制数可以像十进制数一样进行分解，二进制数“10101”可以展开为加权系数的形式：

$(10101)_2=(1\times2^4)+(0\times2^3)+(1\times2^2)+(0\times2^1)+(1\times2^0)$

通过按权展开求和，可将二进制数转换为十进制数：

$(10101)_2=(1\times 2^4)+(0\times 2^3)+(1\times 2^2)+(0\times 2^1)+(1\times 2^0)=16+0+4+0+1=(21)_{10}$

二进制对于计算机来说是非常友好的，但是把二进制数写出来是很低效的。用二进制表示的数字的位数约是十进制的3倍[1]。例如，十进制数“1776”（4位数）对应的二进制数是“11011110000”（11位数）。

十六进制

由于二进制数的计数方法过于低效，所以，技术人员常常求助于以16为基数的数字系统，即十六进制，以便更简洁地写出计算机所使用的数字。十六进制将4位二进制数的信息压缩成1位数字（$16=2^4$），这是一种非常高效的方式，可以更好地记录计算机所使用的数字。

与二进制（0和1）或十进制（0~9）不同，十六进制以16为基数来计数，需要使用0~9，再加上字母A~F，总共16个计数符号。用十六进制数从0计到20，需要使用以下十六进制数：0、1、2、3、4、5、6、7、8、9、A、B、C、D、E、F、10、11、12、13、14。你没有看错，A代表10，F代表15。

在某些情况下，十六进制数看起来与十进制数差不多。数字系统的大杂烩让你感到困惑了吗？幸运的是，有一个解决办法：鉴于十六

1　确切的倍数是log（10）/log（2）= 3.32。

进制数通常看起来很像十进制，所以技术人员经常在十六进制数的前面加上“0x”标记以示区别。

与二进制数一样，十六进制数可以很容易地转换为十进制数。0xB5D=（11×16^2）+（5×16^1）+（13×16^0）= 2816+80+13=（2909）$_{10}$。0x53=（5×16^1）+（3×16^0）= 80 + 3 =（83）$_{10}$。可以看到，0x标记可以帮助我们区分十六进制数“53”和十进制数“83”。

十六进制比十进制更简洁，因为十六进制使用了更多的数字。例如，十进制数“1776”有4位数字，其二进制数有11位数字。在十六进制中，十进制数“1776”可表示为“0x6F0”，请注意，“0x6F0”只有3位数。

十进制数	二进制	十六进制
0	0	0
1	1	1
2	10	2
3	11	3
4	100	4
5	101	5
6	110	6
7	111	7
8	1000	8
9	1001	9
10	1010	A
11	1011	B
12	1100	C
13	1101	D
14	1110	E
15	1111	F

续表

十进制数	二进制	十六进制
16	10000	10

当你仔细查看App和小工具的代码时，你会发现十六进制数无处不在。例如，计算机的错误代码和电子游戏的作弊码通常都用十六进制数来表示。如果在文本编辑器中打开一个图像文件，你看到的就是十六进制数。

当然，比特币也喜欢用十六进制数，尤其是哈希值。在比特币的系统中，使用十六进制数来编码区块的哈希值和交易的哈希值。

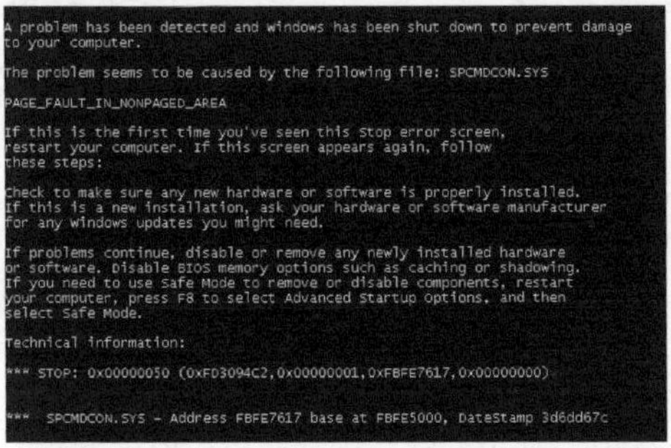

Windows著名的蓝屏画面，当计算机崩溃时，会显示类似这样的蓝屏画面。在画面的底部，你可以看到用十六进制数表示的错误码。来源：维基媒体

比特币的进制

如果希望数字的表示更简洁，可以使用以64为基数的数字系统，它使用64个计数符号，包括10个阿拉伯数字、26个英文大写字母、26个英文小写字母和特殊字符“+”和“/”。

六十四进制的问题是，它的可读性较差。六十四进制使用

了几个容易混淆的符号，如“o”“O”和数字“0”，“l”（如“llama”）、“I”（如“India”）和数字“1”。所以，如果在纸上写一个六十四进制数，你很可能会认错。另外，“+”和“/”也会导致一些小问题。例如，一些文本字段不接受字母或数字以外的字符。

这个纸钱包中包含用五十八进制数表示的私钥和地址

中本聪开发了以58为基数的数字系统来解决这些问题。在六十四进制的基础上，五十八进制去掉了“+”“/”“O”“ 0”“I”和“l”。这样，就剩下了58个计数符号，这仍然足够简洁地表示一个数字（而且五十八进制的可用性更高）。在比特币中，五十八进制很常用。比特币的私钥、公钥和地址的标准格式都采用了五十八进制数来表示。

附录B

宏观经济学

我们都听说过供应和需求，你可能也听说过减少供应和增加需求是如何推高商品价格的。这种对单个商品和单个公司的分析被称为微观经济学。

在经济学中，与微观经济学相对的是宏观经济学，即对大规模经济的研究。每当你听到通货膨胀、美联储、货币政策、汇率、失业率和其他“宏观”概念时，那就涉及的是宏观经济学。因为，加密数字货币有其自身的数十亿美元的经济体量，宏观经济学是理解这些货币如何运作的一个关键工具。

实际和名义

对于宏观经济学（对整体经济的研究）来说，你必须知道的第一件事是实际数量和名义数量间的区别。名义数量指的是货币的数量，而实际数量指的是“东西”的数量，如你可以购买的商品和服务的数量。

例如，你来到一家汉堡店用餐，你口袋里的现金数量是名义数量，而你能用这些现金买到的汉堡数量是实际数量。实际数量更重要：让你快乐的不是你花了多少钱，而是你吃了多少汉堡。如果每个汉堡的售价达100美元，那么口袋里有100美元的现金就没什么用了。换句话说，名义数量对人们并不重要。

许多经济数量是用实际数量与名义数量之比来衡量的。例如，贷款或信用卡的名义利率是你在合同上看到的百分比，但实际利率考虑了通货膨胀因素。股票的名义收益率是股票价格从去年到今年增长的原始百分比，而实际收益率考虑了通货膨胀因素，并告诉你，如果你在今年而不是去年卖掉了股票，你可以买多少东西。

再例如，如果一只股票的价格在一年里名义上增长了10%，通货膨胀率是2%，那么这只股票的实际收益率只有8%，也就是说，这意味着你用来购买更多“东西”的额外收益只增长了8%。

简而言之，货币是名义的，而“东西”，如三明治、理发等是实际的。

货币

那么，到底什么是“货币”呢？经济学家对这个问题的标准回答是，货币要达到三个目的：

- 货币是一种交换媒介，可以用它进行任何交易。
- 货币是一个记账单位，可以用数字来衡量人们的财富。
- 货币是一种价值储存手段，能够在很长一段时间内保持其价值。

美元和其他法定货币实现了这三个目的。为了便于读者理解，我们不妨用“牛”作为货币，看看会有什么情况：不是所有人都希望自己的工资用牛来支付；很难用牛来衡量其他东西的价值；当牛死亡或被吃掉时，它们的价值就会大大降低。

加密数字货币显然可以成为交换媒介和记账单位。从理论上来讲，你可以用加密数字货币买到任何东西，也可以用加密数字货币衡量任何东西的价值。然而最大的问题是，人们对于加密数字货币是否能充当一种价值储存手段心存疑虑。毕竟，加密数字货币的币值的波动性将使许多人不愿把所有财富兑换成加密数字货币来储存。

通货膨胀

想象一下这样的一个经济环境，即所有“东西”都可以用1美元购买。在这个假设的世界中，每年总共有Y种商品和服务被购买，每种商品或服务的平均价格为P。这意味着，每年在经济活动中使用的货币总量（经济产出）为$P \times Y$。$P \times Y$也被称为名义GDP，而Y被称为实际GDP。P就是众所周知的物价水平。

在经济活动中，纸币（如美元）的数量被称为货币供应量，用M[1]表示。1美元的纸币每年可以花一次或多次，单位货币在1年内的平均周转次数就是货币流通速度，用V表示。例如，你在1月向面包店支付1美元的纸币购买面包，面包店的老板在8月把这1美元的纸币花在超市里，而超市的老板在12月用这1美元的纸币作为工资支付给一名员工，很显然，这张1美元的纸币在一年周转了3次，所以该纸币的流通速度为3次。因此，在经济活动中使用的货币总数是$M \times V$。

这意味着，$M \times V$和$P \times Y$都表示每年使用的货币数量。所以，我们可以得出：

$$M \times V = P \times Y$$

这就是货币数量论，它被用来分析通货膨胀。

1　宏观经济学家定义了不同层次的货币。按流动性递减的顺序，它们是C或$M0$（现金）、$M1$（现金和支票账户）和$M2$（$M1$加上储蓄账户）。经济学家通常用$M1$来表示货币供应量。

美国的M、V、P和Y

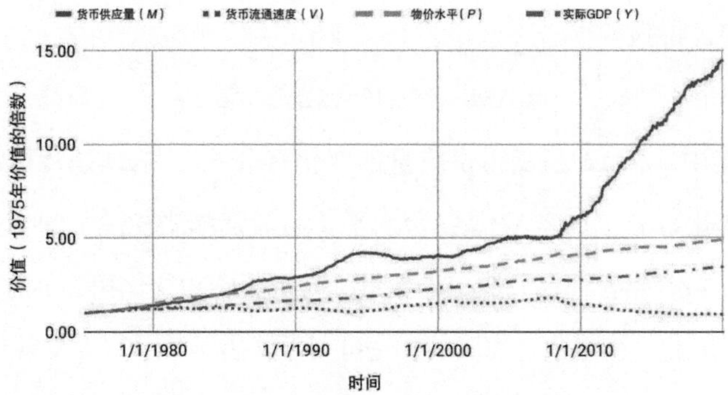

*M*自2010年以来在美国迅速增长，*P*和*Y*自1975年以来稳步增长，*V*则一直保持波动。

数据来源：美国圣路易斯联邦储备银行

测试货币数量论

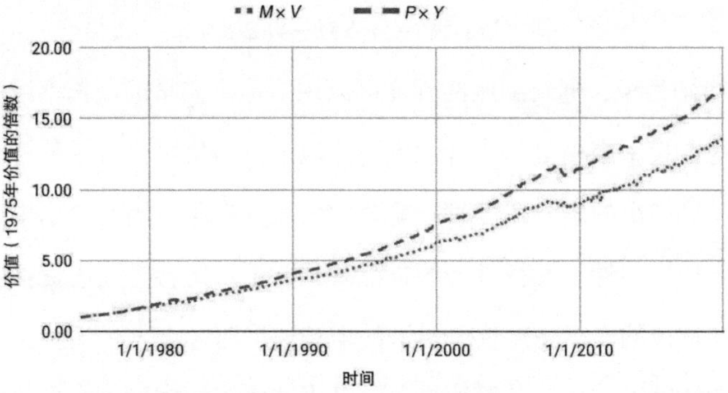

货币数量论很好地证明了这一点：*M*×*V*和*P*×*Y*几乎是步调一致的，尽管它们已经慢慢地分道扬镳了。数据来源：美国圣路易斯联邦储备银行

变化

现在，我们对每个数量的变化按年统计，对每个数量的变化用希腊字母Δ（变化量）标记。如果货币供应量从100万美元变为150万美

元，ΔM将等于50万美元。通过数学运算[1]，我们可以重写货币数量论的方程，得到：

$$\%\Delta M + \%\Delta V = \%\Delta P + \%\Delta Y$$

其中，$\%\Delta M$是货币供应量的变化百分比，$\%\Delta V$是货币流通速度的变化百分比，$\%\Delta P$是物价水平（与通货膨胀相关）的变化百分比，$\%\Delta Y$是出售商品和服务的数量（与实际GDP变化相关）的变化百分比。因此，衡量通货膨胀的方法可用下式表示：

$$\%\Delta P = \%\Delta M + \%\Delta V - \%\Delta Y$$

经济学家通常认为货币流通速度是恒定的，因为它与人们的行为和经济结构有关，而这些因素不会很快改变。所以，我们假设$\%\Delta V = 0$，可以得到：

$$\%\Delta P = \%\Delta M - \%\Delta Y$$

换句话说，通货膨胀的程度可以用货币供应量的增长率减去实际GDP的增长率来衡量。或者，更简洁地说，当货币供应量的增长速度快于经济产出的增长速度时，就会发生通货膨胀。因此，当中央银行（或比特币软件）发行更多的货币时，并不一定会导致通货膨胀，即只有在货币的发行速度快于经济的增长速度时才会发生通货膨胀。正如经济学家米尔顿·弗里德曼所说，当“太多的钱追逐太少的商品”时，就会发生通货膨胀。

争议

就本书的目的和我们对比特币的分析来说，这个理论可能已经

1 具体来说，$X\times Y$变化的百分比就是X变化的百分比加上Y变化的百分比，即$\%\Delta(X\times Y) = \%\Delta X + \%\Delta Y$。

够用了，但需要指出的是，这个理论并不像它看起来的那么清晰。对此，经济学家们的一个争论是，改变经济中的货币供应量（M）是否会影响经济的实际产出（Y）。货币学派认为，货币供应量对实际GDP没有影响。据此，$\%\Delta Y$将等于零，得到下式：

$$\%\Delta P = \%\Delta M$$

所以，任何货币供应量的增长总是导致通货膨胀。

著名的货币学派代表人物米尔顿·弗里德曼曾做过这样一个思想实验：如果一架直升机向一座城市投下数百万美元，每个人都会因此有更多的钱，但同时，物价水平也会相应上升，导致没有人能真正买更多的东西（Y不变），从而会出现恶性通货膨胀。

当然，这种说法的问题在于，中央银行不会空投货币，因此其他经济学家认为货币学派错了，问题不像“货币供应量增长导致通货膨胀”那么简单。其他经济模型显示，增加货币供应量实际上会暂时增加实际GDP，因为货币供应量的增加使消费者有更多的钱去消费，从而刺激经济。这就是像美联储这样的中央银行可以根据需要利用货币政策工具来调整货币供应量，以加速或减缓经济增长的原因。

另一个“转折”是，货币流通速度（V）能够也确实发生了变化。在经济衰退期间，人们停止消费，所以货币流通速度下降（这种情况在大萧条和大衰退期间发生过）。有趣的是，甚至在大衰退结束后，由于货币供应量（$\%\Delta M$）的增长速度快过通货膨胀（$\%\Delta P$）和实际GDP增长（$\%\Delta Y$）的总和，导致货币流通速度一直下降至2010年代。重新整理货币数量论的方程，可以得到：

$$\%\Delta V = \%\Delta P + \%\Delta Y - \%\Delta M$$

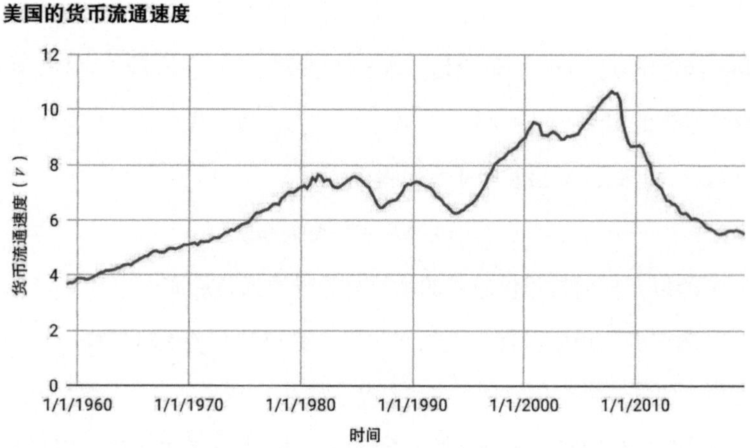

虽然货币流通速度不是恒定的，但它也不会像M、P、Y那样持续地增长。
数据来源：美国圣路易斯联邦储备银行

货币供应和货币需求

正如你在本书中看到的那样，货币供应相对容易理解，尤其是对于比特币，它以可预测的速率进行开采。对于国家经济来说，情况要复杂一点，但大致上，像美联储这样的中央银行可以通过向银行买卖债券，来投放或回收流通中的货币，或者通过改变向其他银行收取的利率（被称为贴现率），来鼓励银行或多或少地从中央银行借款。

货币需求更难理解。因为，“货币需求”这个说法本身就很傻：谁不想要更多的钱呢？思考货币需求的一个更好的方法是：在你的财富中有多少是以货币（现金或支票账户）形式而不是投资（如股票、债券和比特币）形式出现的？你想要持有多少货币来代替等额投资？

货币需求归根结底是一种权衡。为了考虑这些权衡，我们有必要思考一下花掉资产或将资产变现的难易程度。这就是流动性，不同的资产类型有不同的流动性。在所有的资产类型中，现金的流动性是最强的，即你可以随时随地花掉它。支票账户的流动性稍差，你必须先去自动取款机取出现金，然后才能把它花出去。当然，在网购时，用支票账户支付还是很快的。

储蓄账户的流动性仍然较差，也就是说，你每个月只能从储蓄账户中转出有限数量的资金。如果你经常要用现金，储蓄账户并不是适合的方式。股票、债券和比特币的流动性甚至更差，因为将这类资产变现的唯一途径是出售它们，而完成一笔交易可能需要几个小时。在所有的资产类型中，房产的流动性是最差的，要想把从房产中赚的钱拿出来，最主要的方法是卖掉房产[1]，这是一件很麻烦的事情。

流动资产越多，你获得的利息或收益就越少；流动资产越少，你获得的利息或收益就越多（股票的收益率比债券、现金都更高[2]）。更重要的是，需要更长的时间来兑付的债券（因此，其流动性更差）通常提供更高的利率。

资产流动性的差异导致收益率不同是有原因的：流动性代表便利性，投资者想获得更多的钱（收益），就需要放弃这种便利性。这就是流动性偏好理论。资产具有流动性当然很好，不过，你放弃的流动性越多，可能获得的收益也越多。

根据这个定义，我们可以这样修订货币需求：货币需求代表人们希望持有的流动资产数额。在这种观点下，有两个因素可以驱动货币需求。

---

1 如果你愿意，还可以做房产的反向抵押贷款。

2 收益不同的另一个原因来自风险，像股票这样的高风险资产通常会产生更高的收益。

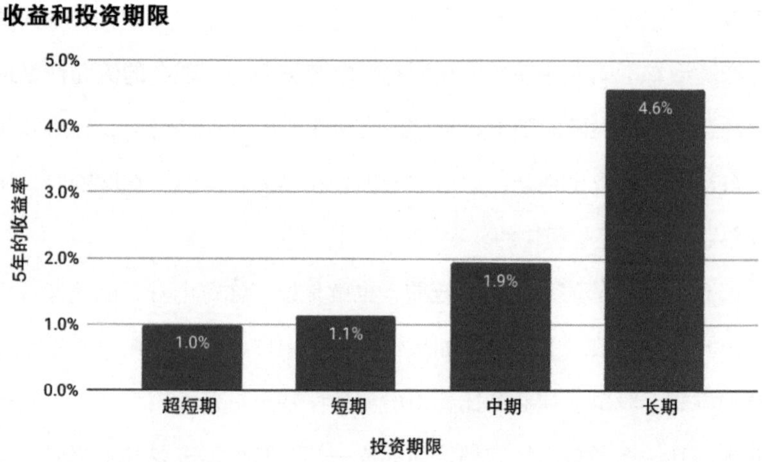

需要更长的时间来兑付的债券虽然流动性更差，但通常会产生更高的收益。

数据来源：TheBalance

一是，实际GDP（*Y*）。当GDP增长时，意味着有更多的东西可供购买，并且人们的收入增加（宏观层面）。此时，人们希望持有更多的现金来买更多的东西。

二是，债券的实际利率。债券的实际利率指的是，债券每年支付给你的利息（去除通货膨胀因素）。当利率上升时，持有债券（这是最可靠的投资方式）变得更有吸引力，所以，人们不想持有更多的现金。当利率下降时，人们就不愿意再持有债券，而乐于持有现金。这是一个机会成本的例子：实际利率是持有现金的机会成本，因为你持有的每一元钱都意味着，你将少获得由这一元钱所带来的利息。当实际利率下降时，持有现金的机会成本就会下降。

那么，这一切对比特币意味着什么呢？比特币是一种与股票和债券“相提并论”的投资工具，因此货币需求（通常适用于美元等常规货币）的概念对其并不真正合适。

但我们仍然可以从流动性偏好理论中学到一些经验。流动性偏好理论认为，当流动性较差的资产（如债券的实际利率）的收益率下降时，人们希望持有更多的现金。首先，最明显的一点是，当比特币的预期收益率高于其他非流动性资产时，投资者会蜂拥投资比特币。其次，比特币永远不会取代现金，除非它具有更强的流动性。最后，投资者只会在加密数字货币出现实质性收益时才愿意投资。这对比特币来说还不是问题，毕竟，比特币已经显示出了巨大的增长潜力，但这也意味着，任何收益率较低或为零的加密数字货币（就像我们在本书中讨论过的稳定币）都将难以吸引投资者的关注[1]。

1 人们可能仍然想把稳定币作为一种加密基金的“支票账户”，即你可以把钱安全地存放在那里，而不必担心遇到套现的麻烦。

附录 C

中本聪是谁

比特币的创造者中本聪从未公开宣布过自己的真实身份。没有人知道中本聪是谁。事实上，我们甚至不知道中本聪代表的是个人还是团体。

我们了解的有关中本聪的信息只是几百篇论坛帖子、在公开的邮件列表上的几封电子邮件，以及与其他比特币的早期开发者的少量私人通信。有关中本聪的信息虽然不多，但这并没有阻止比特币的狂热爱好者试图弄清他的生活、他的政治与哲学倾向，当然，还有他的真实身份。

时间线

在2008年的万圣节，中本聪第一次出现在人们的视野中。当时，他将比特币白皮书[1]发布在一个主要讨论加密技术的公共邮件列表上。在整个2008年，他一直在讨论和完善他的想法，并在2009年1月发布了第一个版本的比特币软件。次月，他开始在P2P论坛[2]上发布有关比特币的帖子。

在2009—2010年，中本聪一直致力于比特币的开发，发布了比特币软件的新版本，并经常在论坛和邮件列表上与人交流。

在2010年12月，中本聪进行了最后一次公开交流。这次交流的内容简单而乏味：他宣布对比特币软件进行一个小更新，增加了一些防范“拒绝服务”（Denial-of-Service，DoS）攻击的功能。在发起DoS

1 我们必须说，比特币白皮书是我们读过的最好的技术文章之一。它比大多数人都能更好地解释比特币，而且只用了8页的篇幅。

2 P2P论坛聚集了去中心化技术的支持者。

攻击时，攻击者可以向目标系统发送大量的垃圾信息，使系统无法为合法用户提供正常服务。

此后，人们再也没有听到过中本聪的消息，但中本聪显然仍与其他比特币的开发者保持了一年的联系。迈克·赫恩公布了中本聪写给他的最后一封邮件，日期是2011年4月23日。

我已经开始做其他事情了。比特币会得到加文（加文·安德烈森是一位比特币的早期开发者）和所有人的妥善管理。

在2011年4月26日，中本聪最后一次与人通信，他当时给加文·安德烈森写了以下这封邮件。

我希望你不要一直把我说成一个神秘的影子人物，媒体只是从盗版货币的角度来看比特币。也许，你应该关注开源项目，并给予开发者更多的信任，这有助于激励他们。

加文·安德烈森在回信中称，中本聪已受邀在美国中央情报局举办的活动上发言，但中本聪再未回复。一些阴谋论者认为，一提到美国中央情报局，中本聪就被吓得魂不附体，他显然是为了避免与他们接触才逃跑的。

在2015年，也就是在中本聪最后一次通信的四年后，有人用中本聪的电子邮件地址发布了“比特币世界”（比特币社区）围绕比特币XT发生的一场争论。比特币XT是比特币核心客户端软件的竞争对手，该软件运行在比特币的绝大多数完整节点上。

这个自称是中本聪的人说，他虽然已经退休了，但仍要站出来向世界发出有关这个“非常危险的分叉”及“伪装的比特币开发者”的警告。比特币XT是由迈克·赫恩创建的，他是比特币的开发者，曾与中本聪进行过最后一次（已知的）沟通，也是比特币界一位有争议的人物。

大多数专家认为，这封2015年的电子邮件不是由中本聪发出的，而是由黑了中本聪账户的某个黑客发出的。我们不免有如下疑问，为什么比特币的创造者这么多年来一直都很低调，只是为了比特币社区的一次小争论就重出江湖，然后又迅速消失呢？而且，为什么一个面对最严厉的批评者，交流起来也非常老练的人，会如此粗鲁地攻击他的前盟友？

中本聪的人生观

所以，很明显，中本聪在2011年之后就消失了。从那以后，比特币的支持者反复阅读中本聪的每篇文章，试图理解他的政治和哲学观点，从而证明他们对比特币未来的提议是正确的，或者，只是为了了解他们如此热爱的这项技术的起源。甚至有一本名为《区块链启示录：中本聪文集》的著作，收录了中本聪所有已知的白皮书、文章和邮件。（这有点像某种试图理解先知心态的宗教活动。）

任何对中本聪的政治观点和他创造比特币的原因的研究，都必须从他在第一个比特币区块（创世区块）中编码的神秘信息[1]开始。信息

1　神秘信息的原文：The Times 03/Jan/2009 Chancellor on brink of second bailout for banks.

的译文是：

《泰晤士报》2009年1月3日，英国财政大臣即将对银行进行第二次纾困。

这条信息引用了英国《泰晤士报》的一篇文章，文章中提到，在2008年金融危机最严重的时候，英国财政大臣（英国财政部的负责人）正在考虑将纳税人的钱注入濒临倒闭的英国银行。

比特币的分析师将这条信息解读为，中本聪不信任银行系统，并对使用纳税人的钱为银行的错误买单感到愤怒。人们认为，中本聪因此创造了一种银行或政府不能控制的货币（没有税收、没有银行倒闭、没有财政援助）。

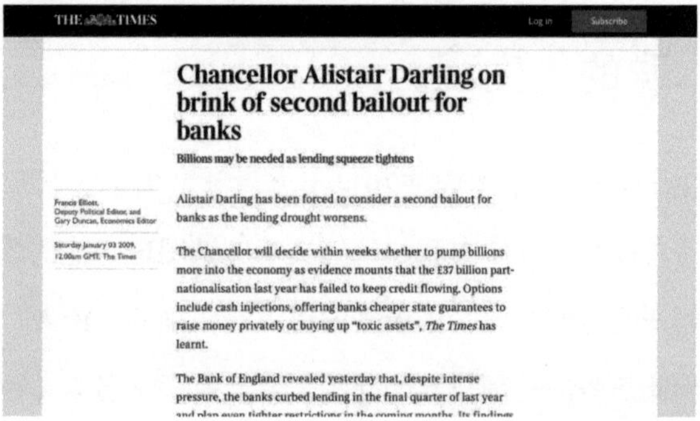
THE TIMES　Log in　Subscribe

Chancellor Alistair Darling on brink of second bailout for banks

Billions may be needed as lending squeeze tightens

Francis Elliott, Deputy Political Editor, and Gary Duncan, Economics Editor

Saturday January 03 2009, 12.00am GMT, The Times

Alistair Darling has been forced to consider a second bailout for banks as the lending drought worsens.

The Chancellor will decide within weeks whether to pump billions more into the economy as evidence mounts that the £37 billion part-nationalisation last year has failed to keep credit flowing. Options include cash injections, offering banks cheaper state guarantees to raise money privately or buying up "toxic assets", *The Times* has learnt.

The Bank of England revealed yesterday that, despite intense pressure, the banks curbed lending in the final quarter of last year

中本聪在第一个比特币区块中引用了《泰晤士报》的这篇现在很出名的文章。这篇文章可能给我们了解中本聪为何要创造比特币提供一些线索。

2009年，当中本聪在P2P论坛发帖子介绍比特币时，中本聪对银行的鄙视显得更加明显。

传统货币的根本问题在于使其运转所需要的信任。人

> 们必须相信，央行不会让货币贬值，但在法定货币的历史上，这种信任被破坏的例子比比皆是。银行必须让我们能够信任，毕竟，银行拿着我们的钱，并能通过电子方式将我们的钱转出去，但银行会以一波又一波信贷泡沫的形式将我们的钱贷出去，并且几乎没有存款准备金。我们还不得不相信银行会保护我们的隐私，相信银行不会让我们的账户被窃。

在中本聪所写的各种文章中，这种对金融机构的不信任是贯穿始终的。这似乎是中本聪创造比特币的主要原因。

中本聪的其他一些文章表明，他有一种近乎自由主义的心态。在他的帖子中，他表达了对政府权威的怀疑，并试图用比特币来“获得一个新的自由领地”。

不过，中本聪可能不是一位理论家，更有可能的是，中本聪只是创造了一种他热爱的技术，并且很高兴看到某个特定的社区被他创造的技术所吸引。想想中本聪的这句话：

> 如果我们能正确地解释它，这是对自由主义者很有吸引力的观点。不过，我对代码比对文字更在行。

中本聪的身份

那么，终极问题来了：到底谁是（或曾经是）中本聪？

一个主流的推测是，中本聪是“戴伟”（Wei Dai）或尼克·萨博的别名，这两位都是计算机科学家，他们在比特币出现之前就创造了加密数字货币的原型，即B-Money和Bit Gold，但两种加密数字货币从未发展起来。支持尼克·萨博与中本聪相关联的证据是相当充分的：

- 一位语言学研究人员发现，尼克·萨博与中本聪的写作风格有惊人的相似之处，他声称“只有0.1%的密码学研究人员能够写出这种风格的文章”。尼克·萨博和中本聪都经常使用“受信任的第三方”（trusted third party）、“对于我们的目的”（for our purposes）和“应该注意”（it should be noted）等比较少见的短语。
- 在中本聪公布比特币之前，尼克·萨博一直在寻找Bit Gold的合作者。当比特币公布后，尼克·萨博就不再写Bit Gold的代码了。
- 中本聪引用了许多来自Bit Gold的想法，包括工作证明、交易时间戳，以及需要删除受信任的第三方，但是他从来没有声明引用过尼克·萨博的工作。

我们询问了被誉为“比特币的历史书”《数字黄金》的作者纳撒尼尔·波普尔，他认为尼克·萨博就是中本聪。但是，所有这些证据都是间接的，而且尼克·萨博也一再否认他是中本聪。

英国人

在我们看来，一个更可信的推测是，中本聪实际上是英国人，而不是人们通常认为的日本人[1]。中本聪的文章都是用英式英语写的。例

1 中本聪也可能是日裔英国人。也就是说，中本聪或他的祖先可能出生在日本，但后来搬到了英国。

如，他在最初的比特币论文中用的是“favour”而不是“favor”，在论坛里写的帖子用的是“bloody hard”。中本聪很少在格林尼治时间的半夜12点至早上6点在论坛上发帖，这个时间段在日本是中午，而在英国是后半夜。另外，中本聪引用了英国报纸《泰晤士报》的文章。这些确实都是间接证据，但伪造自己的作息时间和母语都不是易事。

上面这些证据都支持中本聪是英国人，这将推翻尼克·萨博就是中本聪的推测，因为尼克·萨博是美国人。“戴伟”是美国人。计算机科学家哈尔·芬尼也是美国人，他从中本聪那里收到了第一笔比特币交易，坊间盛传他就是中本聪本人。唯一与中本聪有密切联系的英国人是 “哈希现金”的发明者亚当·巴克。亚当·巴克说，他是第一个从中本聪那里听说比特币的人，但他否认自己是中本聪。

另一种很普遍但被广泛质疑的说法是，澳大利亚的计算机科学家和商人克雷格·赖特就是中本聪。在一篇文章中，克雷格·赖特写道：

> 比特币的诞生源于我的想法。设计它的人是我，创造它的人也是我。确保它不会被犯罪分子破坏是我的职责，也一直会是我的职责。我是中本聪。

起初，许多媒体都相信他，但很快就有证据表明克雷格·赖特是个骗子。他用来证明自己是中本聪的加密密钥是伪造的；他的几张证书（包括他的博士学位证书）都是伪造的；他提供的公司信息也都是伪造的；甚至在白皮书发布几天后，他在博客上写的一些关于比特币的帖子也是假的。在2013年之后，克雷格·赖特编辑了这些个人信息，并将它们添加至比特币的声明。克雷格·赖特拒绝提供任何进一步的“证据”来证明他是中本聪。

还能是谁

尽管有这些推测，但没有人能最终证明谁就是中本聪。由于中本聪的身份不明，导致了一些关于他的离奇说法。古怪的网络安全企业家约翰·麦卡菲（McAfee杀毒软件的发明者）声称，他遇到过中本聪，并威胁要揭发中本聪，但他很快取消了这个计划。大多数人认为，约翰·麦卡菲只不过在刷存在感罢了。

无论怎样形容约翰·麦卡菲的古怪都不为过。他发表了一系列古怪的言论，例如，他在伯利兹城的流亡期间分别把自己伪装成喝醉了的德国人和危地马拉的街头小贩；他计划雇用数百人戴着有他头像的面具，为他2020年的总统竞选造势，因为他在躲避美国国税局的调查；他声称即使在洗澡时也枪不离身。

一个更奇怪的说法来自一个自称是中本聪的巴基斯坦人。他说，比特币的名字（Bitcoin）由国际商业信贷银行（Bank of Credit and Commerce International）英文名称中的几个字母组合而来。不过，《时代》杂志曾称这家巴基斯坦银行是“骗子和间谍的金融超市”，并被称为“有史以来最肮脏的银行”。

虽然我们不再继续列举类似的“证据”，但你应该能够明白我们要表达的意思。只要比特币存在，就会有一群自称是中本聪的科学家（和疯子），以及一群试图证明这些“中本聪”身份的数字侦探。有一件事可以肯定：不管中本聪的真实身份是什么，他发表的“小”白皮书所产生的巨大影响可能远远超出了他的想象。

术语表

区块链和加密数字货币的世界有着大量令人眼花缭乱的术语。本书的正文中已经提及了很多术语。本术语表总结了一些有关加密技术的关键术语，还包括一些我们在本书正文中没有深入讨论的术语。另外，我们将简要介绍一些最著名的、最重要的加密数字货币。

常见术语

在本节中，我们将介绍一些你在阅读有关区块链和加密数字货币的文章或帖子时见到的流行用语和关键术语。

51%攻击（51% Attack）

对于某一特定加密数字货币来说，当一个矿工（或组织）控制的算力超过所有其他矿工的算力总和时，就会发生51%攻击的情况。换句话说，这个矿工（或组织）至少控制了网络上所有算力的51%。在51%攻击中，占主导地位的矿工（或组织）可以随意改写区块链，允许他们给自己无限量的金钱，取消过去的交易，等等。

地址（Address）

加密数字货币用户的公开假名。你需要知道某人的地址才能给他们发送加密数字货币。

反洗钱（Anti-Money Laundering，AML）

AML是反洗钱的简称，指针对加密数字货币交易所制定的法律和法规，以防止人们利用加密数字货币交易进行洗钱。见KYC。

归档节点（Archival Node）

一种完整节点的类型，它的内容不仅包括了整个区块链，而且还包括了加密数字货币的历史快照，例如，每个地址在任何时间点持有多少个币。完整节点是压缩版本的存档节点。完整节点保留了所有的信息，但如果不将完整节点扩展为归档节点，就很难进行高级计算和查询。

ASIC（Application-Specific Integrated Circuit）

一种经过高度优化以运行特定挖矿算法的专用计算机芯片。专业的比特币矿工需要使用ASIC矿机，因为通用计算机（如MacBook）还不足以快速地运行挖矿算法。

ASIC免疫（ASIC-Resistance）

一种挖矿算法（如以太坊算法）的特性，这使得ASIC矿机的算力无法超越通用计算机。普通的挖矿算法会让矿工一遍又一遍地进行相同的计算。有鉴于此，矿工制造出非常擅长此类计算的ASIC矿机。但是，ASIC免疫挖矿算法会让矿工做各种各样的不同类型的计算，所以，通用计算机（可用于进行各种计算）比装备了ASIC芯片的矿机表现得更好。正如以太坊所言："以太坊的ASIC芯片本质上是用于通用计算的ASIC芯片，即性能更好的CPU。"ASIC免疫是可取的，因为它使得个人和业余爱好者更容易挖矿。

资产（Asset）

任何有经济价值的资源。在我们的生活中，有大量的金融资产，如美元、股票、加密数字货币、债券等。也有很多其他事物属于资产，如汽车、书籍、产权契约、知识产权、商标，等等。

Base58编码（Base58）

一种用于比特币地址的格式。它包括大写字母、小写字母和数字，但删除了容易被误解的数字0（零的字符）、大写I、大写O和小写l。

币安（Binance）

一个流行的加密数字货币交易所。

比特币（bitcoin）

表示比特币的单位。例如，她的财产包括几十枚比特币（bitcoin）。与之对比，Bitcoin表示比特币这个事物。例如，我的朋友投资了比特币（Bitcoin）。

比特币核心钱包（Bitcoin Core）

比特币软件的官方版本。它包括钱包、完整节点的软件和交易验证引擎。

比特币的扩容问题（Bitcoin's Scaling Problem）

众所周知，比特币只能支持每秒7笔交易，而维萨等主流支付系统可以支持每秒数万笔交易。当比特币用户希望每秒进行的交易超过7笔时，就会出现拥堵。这导致了长时间的等待和高昂的交易费用。

Bitfinex

一个流行的加密数字货币交易所。

区块（Block）

一组打好包的加密数字货币的交易数据。矿工竞相创建区块；获胜的矿工可以把区块加到区块链的末尾，并得到一些币作为奖励。

区块链（Blockchain）

一种去中心化的账本。它存储了过去的交易信息，且这些信息是不可篡改。加密数字货币都是在区块链的基础上构建的，你可以通过区块链来跟踪任何资产的转移，无论这些资产是数字形式的还是实体形式的。“把某个事物放在区块链上”是指，用区块链来跟踪这个事物的动向。

区块浏览器（Block Explorer）

一个可以看到区块链上的区块、地址和交易信息的工具。值得注意的是，如果你知道特定的地址，区块浏览器可以让你看到任何人的交易记录、交易对象和当前余额。

区块高度（Block Height）

在区块链中区块的总数。

区块奖励（Block Reward）

一个矿工成功开采一个区块所获得的加密数字货币数量。在包括比特币在内的几种加密数字货币中，区块奖励每隔几年就会减半。

区块容量（Block Size）

一个区块的最大文件容量（如1MB），它决定一个区块可以容纳多少笔交易。由于区块是在固定的时间间隔内被开采出来的，所以区块容量是决定加密数字货币每秒所支持的交易数的因素之一。

区块时间（Block Time）

开采每个区块所花费的时间。以比特币为例，平均每10分钟就有一个区块被开采出来。

泡沫（Bubble）

当一种资产（如加密数字货币、房子等）的价格超过其真实价值时，当投机行为失去控制，人们继续以过高的价格购买资产，并希望其价格继续上涨时，泡沫就会出现。当投机周期结束、投机行为消亡时，泡沫不可避免地会破裂。

中心化（Centralization）

当网络中的一切都流经一个实体时，该网络是中心化的。例如，在沃尔玛购物是中心化的，即商品从制造商流向沃尔玛，然后从沃尔玛流向消费者。与之相对应，我们再看看农贸市场，在农贸市场中，商品从农民直接流向消费者。因此，在农贸市场购物是去中心化的。

客户端—服务器模型（Client-Server Model）

一种建立计算机网络的中心化方式，即网络中的每个人都与一个中央机构（服务器）进行通信。推特使用的是客户端—服务器模型，即推特的用户（客户端）不仅向推特（服务器）发送消息，也从推特获取消息。打个比方，这就像通过邮局发送信件（将邮政服务比作服务器），而不是通过当面亲自递送信件（没有中央机构）。见点对点。

Coinbase

一个流行的加密数字货币交换所。

CoinHive

一家臭名昭著的初创公司，为黑客和无良网站的所有者提供恶意代码（挖矿劫持脚本）。这段代码使网站的访问者在不知情的情况下，无偿将自己计算机的算力都用在为攻击者（植入代码的人）挖矿上。直到CoinHive公司于2019年被迫关闭了其业务，它的软件一直是网络犯罪分子的最爱。

冷存储（Cold Storage）

将你的加密数字货币“账户”的私钥存储在未连接互联网的某个设备上。把你的私钥保存在没有联网的计算机上，或者写在便利贴上放到钱包（实物钱包，非虚拟钱包）里，这些都是冷存储的形式。这样，即使黑客完全控制了你所有的联网设备，他们也无法获得你的私钥。见热存储。

中央处理器（Central Processing Unit，CPU）

CPU可完成一个数字设备的大部分计算工作，从处理Excel中的数据到播放Netflix上的电影。每台计算机都有CPU，CPU可以用来挖矿以获得加密数字货币，但CPU在执行挖矿算法时效率较低。当然，对于初学者来说，使用CPU挖矿也没有问题，而且也不用购置任何专用的硬件。见GPU和ASIC。

众筹（Crowdfunding）

通过互联网从许多小额跟投人那里筹集创业资金。ICO是众筹的一种形式。

加密（Crypto）

用于区块链和加密数字货币领域的总称。

加密币（Cryptocoin）

一种加密数字货币的单位，如bitcoin和ether。注意，单位都是以小写字母开头的，不要将其与加密数字货币的名称混淆（名称都是以大写字母开头的），如Bitcoin（比特币）和Ethereum（以太坊）。

加密数字货币（Cryptocurrency）

一种使用区块链技术来跟踪支付的数字货币。加密数字货币使用加密技术来验证交易并防止篡改和伪造，因此使用了“crypto”作为前缀。

密码学（Cryptography）

以一种难以进行逆向工程的方式编码信息的科学。在加密数字货币中，密码学用于验证用户的身份（登录），防止篡改区块链上的过去交易，使挖矿变得困难，以及其他重要功能。

加密劫持/恶意挖矿攻击（Cryptojacking）

未经授权使用你的设备为他人挖矿以获得加密数字货币。当网站被黑客攻击，并被安装了恶意挖矿代码时，加密劫持的情况经常发生。如果你访问带有这类恶意代码的网站，浏览器将运行该代码，并进行挖矿，挖矿所得的加密数字货币（通常为门罗币）会存入黑客的钱包。一些无良的网站所有者在自己的网站上安装这类恶意挖矿代码，作为一种从毫无戒心的访问者身上赚钱的方式。如果你的计算机被加密劫持了，你的钱虽然不会被偷走，但是你的计算机会使用所有的算力为黑客挖矿，这会大量消耗设备的电池（对于笔记本电脑而言），让设备过热，并运行缓慢。

去中心化自治组织（Decentralized Autonomous Organization，DAO）

DAO是去中心化自治组织的简称，指的是基于智能合约构建的服务或公司，有着公开透明的程序规则，能够自主运行，且没有人类的领导或控制。想象一下，由自动驾驶汽车组成的车队，车载电脑将决定哪些乘客可以上车，以及何时去加油站加油，也就是说，控制这些自动驾驶汽车的是代码，而不是人类。还可以想象一下，在一家公司里，当大多数员工对一项决策投赞成票时，决策就会自动生效（多亏有了智能合约，决策才会自动生效）。不要与The DAO混淆。

去中心化应用（Decentralized Application，DApp）

DApp是去中心化应用（DApp与“tap”押韵）的简称，是基于智能合约构建的App。DApp的代码是开源的，并完全依赖区块链。与传统的中心化应用（如爱彼迎、脸书和优步）相比，DApp更有弹性（即便某个开发DApp的公司破产了，软件也不会受到影响），也更透明（决策完全由机器做出，而不是由人类）。

去中心化（Decentralization）

当网络不受单个实体控制时，该网络为去中心化的。如果在沃尔玛购物是中心化的，那么在农贸市场购物就是去中心化的（商品直接从农民流向消费者，而不经过沃尔玛）。加密数字货币是去中心化的，因为（在理想情况下）世界各地的人们都在追踪过去的支付并验证新的支付，对此，没有一个实体可以控制一切。

通货紧缩（Deflation）

当货币供应量的增长低于产品和服务产出总额（经济学术语为GDP）的增长时，出现通货紧缩。换句话说，当通货膨胀率变为负值，价格水平下降的时候，会出现通货紧缩的情况。通货紧缩使货币升值，这鼓励人们把钱存起来，而不是用来消费或投资，这往往会使经济增长放缓。

数字签名（Digital Signature）

一种用于验证数字消息（如区块链交易）真实性的方法。当你进行区块链交易时（例如，向某人发送几个比特币），使用你的私钥加密一个小标签（数字签名），并将这个标签附在交易信息的后面，任何人都可以检查这个标签，以确保你就是发送交易信息的人。也被称为签名。

分布式账本（Distributed Ledger）

一种记录过去交易的数据结构，它不受任何单个实体的控制。任何人都可以保存一份账本的副本，如果其他人同意，也可以自行添加自己的条目。区块链就是最著名的分布式账本。也被称为去中心化账本或共享账本。

去中心化账本技术（Decentralized Ledger Technology，DLT）

在共享的、分布式的、不可篡改的账本中存储数据的各种技术的总称。这包括区块链和受区块链启发的替代品，如Tangle（非区块链结构，但仍然采用分布式数据库和P2P网络，并依赖共识机制）。

双重支付（Double-Spending）

是对一笔交易进行重复支付的风险，也是数字货币的最大缺陷。区块链则可通过跟踪每次资金转手的情况来防止出现双重支付，这使得人们很容易注意到有人企图进行双重支付攻击。加密数字货币也因此避免了双重支付的问题（除非受到51%攻击）。

ERC-20

是一种非常流行的以太坊代币。ERC-20代币遵循一组众所周知的规则，这使它对于用户来说更容易预测，对于开发人员来说更容易构建。实际上，许多加密数字货币，包括Maker（MKR）和Basic Attention Token（BAT），是作为ERC-20的代币来应用的，这意味着它们是在以太坊区块链上运行的。

第三方托管账户（Escrow）

交易双方在进行交易时暂时存放资金的地方。付款人将资金存入第三方托管账户，只有当收款人满足特定要求时，第三方托管账户才会向收款人支付相应的金额。例如，你在网上订购了某样商品，你要支付的货款会被转账至第三方托管账户，直到你真正收到商品，货款才会支付给卖家。智能合约和去中心化应用通常依赖第三方托管账户。

交易所交易基金（Exchange-Traded Fund，ETF）

ETF是交易所交易基金的简称（也被称为交易型开放式指数基金）。ETF是一种金融资产，它跟踪一种或多种股票、加密数字货币或其他金融资产的价格。例如，标准普尔500指数ETF总是以标准普尔500指数的交易价格出售，该指数取自顶级股票价格的平均值，因此，与购买个股相比，ETF的价格波动性较小。加密数字货币ETF同样降低了价格的波动性，也消除了设置钱包的麻烦，使其成为普通人投资加密数字货币的适宜方式。

以太币（Ether，ETH）

在以太坊网络上使用的货币单位。

以太坊虚拟机（Ethereum Virtual Machine，EVM）

EVM是以太坊虚拟机的简称。EVM用于执行智能合约背后的代码。每个矿工都在其计算机上运行EVM的副本，因为他们需要执行智能合约来开采区块。

交易所（Exchange）

允许你将美元、日元等法定货币兑换成比特币等加密数字货币的网站。你也可以将一种加密数字货币兑换为另一种加密数字货币。也被称为加密数字货币交易所或交易平台。

法定货币（Fiat）

由国家和主权信用支撑的货币，如美元、日元和印度卢比。法币通常与加密数字货币进行对比。

分叉（Fork）

作为动词，指的是创建一个区块链的新分支。作为名词，指的是这些新分支中的一个。打个比方，两位作者合著了五部系列小说的前三部，但后来他们分开，写了各自版本的第四部和第五部。那么，该系列小说的每个作者的版本都是一个独立分叉。

完整节点（Full node）

完整节点下载了完整的区块链。加密数字货币需要尽可能多的完整节点来保持其去中心化的特性。也就是说，如果某种加密数字货币只有一个完整节点（围绕一个中心化的完整节点），那么该加密数字货币并不比普通货币更安全。以比特币为例，运行完整节点的人没有任何报酬，所以全网只有几千个完整节点（很多人认为这还不够）。独立挖矿的矿工必须运行完整节点，但在一个矿池中，只要有一个矿工运行完整节点即可。

燃料（Gas）

执行以太坊的智能合约所需的计算工作量的度量。更大、更复杂的智能合约需要更多的燃料。当你使用智能合约时，你要为智能合约所消耗的燃料（以Gas为单位）向矿工支付一小笔费用。见萨博和去中心化应用。

创世区块（Genesis Block）

在区块链中的第一个区块，因此也是最老的区块。比特币的创世区块包含了比特币发明者中本聪（Satoshi Nakamoto）留下的神秘信息。

图形处理器（Graphics Processing Unit，GPU）

通常，GPU是一种用于在显示输出设备上绘制图像的特殊计算机芯片。由于计算机绘图需要大量的数学运算，因此GPU擅长同时进行许多复杂的数学运算。开采加密数字货币也需要很多复杂的数学运算，因此GPU非常擅长采矿（比CPU强，但仍比ASIC弱）。

减半（Halving）

指一种加密数字货币的区块奖励（每隔几年就会减半一次）减半。由于存在减半机制，区块奖励会减少并最终停止，这使得加密数字货币的供应趋于稳定。

硬分叉（Hard Fork）

对加密数字货币进行根本性的、不向下兼容的更改，从而创建一个全新（产生新链）的加密数字货币。也就是说，运行旧版本软件的节点不会验证通过由新版软件验证通过的区块，因此区块链会被永久地分成两条新链：一条是旧版软件节点使用的链，另一条是新版软件节点使用的链。新版软件节点使用的区块链可有效地成为全新的加密数字货币的基础。例如，比特币现金（Bitcoin Cash）就是由比特币硬分叉产生的，它可以支持容量更大的区块。见软分叉。

硬件钱包（Hardware Wallet）

一种存储私钥的设备，在不将私钥保存至计算机的情况下，允许你对加密数字货币的交易进行授权。这样，即使黑客能看到你计算机中的一切，他们也无法获得你的私钥。硬件钱包是一种冷存储的方式，与离线钱包的概念较为接近。见纸钱包。

哈希（Hash）

一段数据的“指纹”（希望是唯一的）。哈希是一种标识数字对象的简洁方法。在商店里，可以将商品的条形码理解为该商品的哈希。毕竟，处理条形码比处理整个产品名称和相关描述要容易得多，而且条形码也更容易实现在线查找。哈希是加密数字货币的核心部分。对于挖矿来说，通常需要矿工计算数万亿的哈希值。

哈希现金（Hashcash）

比特币所使用的“工作证明”算法。矿工用自己的计算机运行哈希现金算法数十亿次，甚至是数万亿次，从而获得正确的哈希值，并以此证明自己有足够的兴趣来挖一个区块。

哈希函数（Hash Function）

为一段数据计算哈希或“指纹”的算法。通常，在给定原始数据的情况下计算哈希值比较容易，但在给定哈希值的情况下计算原始数据就比较困难了。如果要计算姓名的哈希值，那么一个简单哈希函数可以是：取姓名中的首字母。正如我们所知道的那样，根据人们的姓名来计算其首字母很容易，但是根据首字母很难计算出其对应的姓名。例如，首字母AE代表的是阿尔伯特·爱因斯坦、艾米莉亚·埃尔哈特，还是其他什么人呢？更复杂的哈希函数减少了发生“冲突”的机会，即两段数据产生了相同的哈希值。在理想情况下，哈希值是唯一的。见SHA-256。

哈希率（Hash Rate）

矿工生成哈希值的速度。每个哈希值（每个区块都有与其对应的哈希值）都向矿工提供了一个小机会，即被选中来开采下一个区块，因此哈希率越高的矿工得到开采新区块的机会越大，同时获得的利润也越高。比特币网络的哈希率是所有比特币矿工的总哈希率。也被称为算力。

持有（HODL）

俚语，指不理性地持有加密数字货币，即不管市场变得多么糟糕，仍期待币值上涨。有人在比特币论坛上醉醺醺地把“hold”拼错了，于是，这个词就诞生了，但现在有些人幽默地说它是“Hold On for Dear Life”的缩写。

热存储（Hot Storage）

将加密数字货币“账户”的私钥存储在与互联网相连的设备上，例如，将私钥保存在手机或笔记本电脑上。与冷存储相比，使用热存储进行转账更为便捷，也就是说，你的设备可以自动输入你的私钥，而不用你自行输入。当然，热存储的风险也更高，因为黑客一旦控制了你的设备，就能很容易地窃取你的私钥。见冷存储。

豪威测试（Howey Test）

证券交易委员会用来确定某资产是否可归为证券的一种测试。如果“一个人用他的资金投资一个共同的企业，并且仅仅从发起人或第三方的努力中获得利润”，则认定该资产（通过投资所购买的资产）可归为证券。在关于加密数字货币是否应被视为有价证券的辩论中，豪威测试经常被引用。

首次币发行（Initial Coin Offering，ICO）

ICO是首次币发行的简称。它指经营加密数字货币或区块链的创业公司通过出售加密数字币来筹集资金。它是一种去中心化的、不受监管的IPO替代方案。在一次由美国官方主导的法律制裁后，许多经营加密数字货币和区块链的创业公司开始推出STO以作为替代方式。

不可变性（Immutability）

指没有改变的能力。区块链的一个好处是，它们几乎是不可变的。除非受到51%攻击，否则不可能改变或删除过去的交易。

通货膨胀（Inflation）

当货币供应量的增长高于产品和服务产出总额（经济学术语为GDP）的增长时，出现通货膨胀。通货膨胀导致物价上涨，货币贬值。也就是说，货币的购买力下降。有些人说，通货膨胀是在货币供应量增加的时候发生的

（例如，当更多的美元被印出来的时候），但这在技术上是不正确的——通货膨胀只在货币供应量的增速高于实际产出的增速时发生。

物联网（Internet of Things，IoT）

IoT是物联网的简称。物联网设备有联网传感器和智能恒温器等。

星际文件系统（InterPlanetary File System，IPFS）

IPFS是星际文件系统的简称。它是一种在区块链上共享去中心化的文件和网页的协议，旨在取代用于从网站获取网页的中心化的HTTP协议（该协议被形容为缓慢的、脆弱的和健忘的），因为如果中央服务器宕机，信息就会丢失。

首次公开募股（Initial Public Offering，IPO）

指一家公司（不经营加密数字货币或区块链的公司）第一次将其股票向公众出售以筹集资金。

了解你的客户（Know-Your-Customer，KYC）

KYC是“了解你的客户”的简称，被称为KYC规则。大多数加密数字货币的交易所必须遵守KYC规则，以防止犯罪分子利用其服务洗钱。交易所必须按照KYC规则收集用户的身份识别证件，如照片ID和信用卡信息。虽然这降低了加密数字货币的匿名性（因此，这也是使用加密数字货币的一个重要原因），但也让罪犯更难作恶。见AML。

账本（Ledger）

一种用于记录过去交易的数据结构。区块链是账本，记录咖啡店销售额的Excel表格也是账本。

闪电网络（Lightning Network）

一个建议的方法，通过在区块链之外进行一些交易，使得比特币的扩展性变得更好。例如，经常互相转账的两个人可以创建一个钱包，每个人都往这个钱包里存一些钱。他们可以通过改变钱包的余额来“支付”对方，而不用借助区块链。他们最终会关闭这个钱包，并得到他们相应的余额。请注意，只有钱包的创建和关闭操作会在区块链上进行。可以把它想象成比特币的Splitwise（多人费用分账平台）：先把所有的支付信息都记录下来，只有在一切尘埃落定后才真正付款。

轻量节点（Lightweight Node）

指不下载完整区块链（其容量达上百GB）的节点。轻量节点使用“简单支付验证”（Simplified Payment Verification，SPV）请求一个完整节点来检查交易是否有效。如果你在手机上下载了一个钱包App，或者使用基于网络的钱包，你可能使用的就是一个轻量节点。见完整节点。

流动性（Liquidity）

衡量了将资产转换成现金的容易程度。股票和加密数字货币的流动性都较高，因为它们可以在几秒钟内被卖掉。而房子的流动性较差，因为它需要几个月甚至是几年才能被卖掉。

主网（Mainnet）

官方的、公有的区块链，是交易真正发生的地方。与主网相比，测试网（Testnet）是供开发人员仅用于测试的区块链。

市值（Market Cap）

所有流通的加密数字货币（或股票）的总价值。也就是，用币的数量乘以每个币的价值所得到的结果。加密数字货币的市值是衡量加密数字货币的价值和重要性的常用指标，就像公司的市值是衡量公司实力的常用指标一样。

默克尔树（Merkle Tree）

比特币区块链用来存储交易数据的数据结构。每个交易的哈希值依赖以前所有交易的哈希值，因此，如果以前的任一交易被篡改，区块的哈希值就会改变，而这使得识别篡改变得很容易。

小额支付（Micropayments）

指通常发生在网上的小额支付，例如，付99美分购买一款App，或者付2美元请人填写调查问卷。对小额支付的额度范围没有严格的定义。有人说，像买一杯3美元的咖啡这样的小额线下交易也是小额支付的一种。小额支付的手续费不能太高，因为小额支付的实际交易额本身不高。因此，手续费相对较高（某些加密数字货币的交易手续费超过1美元）的加密数字货币不太适合进行小额支付。

中间人（Middleman）

介于试图沟通或交易的两个人间的实体。如果你用脸书Messenger给朋友发信息，脸书公司就是“中间人”。如果你在银行汇款，银行就是“中间人”。如果你在亚马逊上购物，亚马逊就是“中间人”。加密数字货币和区块链均旨在摆脱中间人。

MimbleWimble协议（MimbleWimble）

是一个专注于提升隐私性的区块链框架，其速度比当前比特币的区块链框架更快，占用的存储空间只有比特币区块链的十分之一，并隐藏了发送方和接收方的身份及交易的数额。MimbleWimble协议的支持者希望，比特币可以利用基于MimbleWimble的区块链软件取代目前的区块链软件。例如，Grin和Beam这两个隐私加密项目就基于了MimbleWimble协议。

挖矿（Mining）

用来对用户（如加密数字货币的用户）的交易进行验证，并通过竞争的方式提供向区块链添加区块的权限。挖矿对于阻止双重支付和增加加密数字货币（如比特币）的供应都是至关重要的，因为矿工获得的区块奖励就是新生成的币，这也是新币流通（发行）的主要途径。

矿池（Mining Pool）

指一组共享资源和利润的加密数字货币矿工。矿池是有用的，因为建设挖矿的基础设施和配置相应的挖矿设备都需要投入大量的资金和人力。因此，与“单打独斗”相比，通过合作来建立群组挖矿作业模式更有意义。比特币的矿池非常强大（指算力强大），它开采了绝大部分的比特币，事实上，单独挖矿已经无利可图了。

货币政策（Monetary Policy）

中央银行通过调整利率、买卖政府债券或其他机制来调节货币供应量的方针、政策和措施的总称。

货币需求（Money Demand）

指人们希望以现金、股票或其他流动资产形式持有的用于快速消费的财富数量。当人们想购买更多东西时，如在假日期间，货币需求就会上升。

洗钱（Money Laundering）

将非法获得的资金通过金融系统的“运作”，使之看起来合法。例如，犯罪分子可以通过出售偷来的信用卡来赚取流通货币（法定货币），再匿名地把这些资金变成加密数字货币，最后把加密数字货币换成“干净”的钱。

货币供应（Money Supply）

指流通中的货币和其他高流动性资产的总额。在加密世界中，这意味着流通中的加密数字货币的总数。

多重签名（Multi-Signature，Multisig）

用于需要多人批准才能进行的加密数字货币交易。例如，由三个人组成的公司就可以建立多重签名，在实际操作时，任何支出都需要至少两个人（这三个人中的）的批准才能完成。

节点（Node）

运行比特币软件的智能手机或计算机都可构成节点。如果要买卖比特币，那么你需要运行一个节点。有两种主要的节点类型：完整节点（存储完整的区块链）和轻量节点（不存储完整的区块链）。

非同质代币（Non-Fungible Token，NFT）

NFT是非同质代币的简称。NFT是一种代表某独特物品（对某特定歌曲或电子游戏项的所有权）的代币。NFT是不可互换的（或“非同质的”），而普通的代币和加密数字货币是可互换的。例如，一个比特币与其他比特币是完全相同的，但代表虚拟宝剑（电子游戏中的物品）的代币与代表虚拟巨龙（电子游戏中的物品）的代币是完全不同的。NFT在加密游戏中很流行，如养猫游戏《谜恋猫》或集换式卡牌游戏。

预言机（Oracle）

一种让智能合约从外部世界获取数据的服务，如天气预报或股票价格。如果你正在开发一个与体育彩票相关的DApp，你需要使用预言机来获取最新的体育赛事比分并确定谁应为此付钱。

纸钱包（Paper Wallet）

一张写有加密数字货币钱包或“账户”的公钥和私钥的纸。这是一种流行的冷存储方法，因为网络黑客不可能获得这些信息。见硬件钱包。

点对点（Peer-to-Peer，P2P）

在点对点模式下，两个人可以直接沟通和交易，而不需要通过一个中心实体。使用信用卡支付不是点对点的，因为资金是通过大型银行和信用卡网络流动的，但现金支付和加密数字货币支付是点对点的，因为这两者的交易双方之间没有强大的中心实体。见客户端—服务器模型。

挂钩（Peg）

通过“挂钩”使两种货币之间维持固定的汇率。小币种货币通常通过一个固定汇率将其与大币种货币“挂钩”。例如，泰达币（USDT）与美元挂钩，1个泰达币可兑换1美元。

许可（Permissioning）

对于谁可以访问哪些数据设置特定的规则。许可链在那些制作区块链App（用于多人和多公司的应用环境）的企业中很受欢迎，因为它允许某些用户（如CEO）获得完全的读/写权限，并同时限制其他用户（如承包商）只能访问特定的数据集。大多数区块链允许任何人查看完整的交易历史，但许可链是个例外。

隐私币（Privacy Coin）

一种特别强调保护用户隐私和保持匿名性的加密数字货币。门罗币（Monero）和大零币（Zcash）都是知名的隐私币。

私钥（Private Key）

一种允许你掌控储存在加密数字货币钱包或“账户”中的资金的密码。公开的公钥和地址可以由私钥计算生成，但如果只有公钥或地址，几乎不可能计算出私钥。私钥的重要性类似传统的中心化App所用的密码。

权益证明（Proof-of-Stake，PoS）

PoS是权益证明的简称，是一种新的挖矿机制。在PoS机制下，矿工将他们的资金作为抵押，同时，资金越多的矿工越有可能被选中来开采下一个区块。试图违反规定的矿工将失去他们的保证金。PoS被认为比与之竞争的PoW机制更节能，因为PoS不会引起争夺最大算力的“军备竞赛”。

工作证明（Proof-of-Work，PoW）

PoW是工作证明（也称工作量证明）的简称。在PoW机制下，工作量最大（计算的哈希值数最多）的矿工更有可能被选中来开采下一个区块。这使得修改区块链变得异常困难且代价高昂，因为黑客必须比其他人投入更多的工作。当然，这也导致了大量的算力浪费。见权益证明。

公钥（Public Key）

任何人都能看到的加密数字货币钱包或“账户”的假名。公钥不常使用。人们倾向于使用地址来指代加密数字货币钱包。有了公钥，地址可以被很容易地计算出来。见私钥和地址。

储备货币（Reserve Currency）

用于重大国际交易的货币，通常由政府和中央银行持有。任何货币都可以成为储备货币，但最常见的是美元、欧元、英镑、日元和人民币。

环签名（Ring Signature）

门罗币所使用的一种隐私保护技术。对于每笔交易来说，都有多个潜在的支付者（对应多个签名），所以没人知道是谁真正支付了款项。环签名是门罗币保护隐私和保持匿名的主要方法之一。见隐身地址。

聪（Satoshi，SAT）

“聪”是比特币的最小单位，1聪等于 1亿分之一比特币。这个单位以中本聪的名字命名。

美国证券交易委员会（Securities and Exchange Commission，SEC）

SEC一般指美国证券交易委员会。SEC负责监管证券、投资、股票市场，以及现在的加密数字货币。

证券（Security）

是可投资的一种资产，投资者希望通过押注他人的成功而获利。2017

年，SEC宣布，在ICO期间发放的代币现在被视为有价证券，并将受到相应的监管。见豪威测试。

隔离见证（Segregated Witness，SegWit）

隔离见证是比特币的软分叉，它增加了每个区块所允许的交易数量，从而提高了每秒交易的最大数量。区块的容量没有变化，但是隔离见证允许每笔交易在区块外存储一些不重要的数据，因此交易的数据量得以变得更小，使得在一个区块内可以容纳更多的交易数据。另外，由于有人说隔离见证在提高交易速度方面做得不够好，这促使了比特币现金的出现。比特币现金是比特币的硬分叉。

服务器（Server）

一种性能强大的计算机，可为网站和App提供计算服务。中心化App都需要服务器，以便所有的“客户端”或用户设备都可以与之通信。如果服务器宕机，安装在智能手机里的App将无法使用。

安全哈希算法（Secure Hash Algorithm，SHA）

SHA是安全哈希算法的简称，它一个单向哈希函数，可以计算任何数据块的哈希值或其唯一的数字指纹。在给定数据的情况下，计算数据的哈希值很容易，但在给定哈希值的情况下，很难计算出原始数据。SHA-256属于SHA家族的一员，用于比特币的PoW算法和比特币的地址创建算法。

侧链（Sidechain）

是一条独立的小型区块链，它可与一条更大的区块链（或“主链”）相连。主链中的货币可以在侧链上使用。侧链可以为原始的加密数字货币添加额外的功能，而不用创建全新的加密数字货币。例如，液态项目（Liquid Project）就旨在提高比特币的速度和隐私性。液态项目推出的不是一种全新的代币，而是液态比特币（LBTC）代币，LBTC的交易价格为1比特币（BTC）。任何人都可以暂时将他们的BTC换成LBTC，在液态网络（侧链）上进行交易，然后把他们的LBTC换回BTC。

单点故障（Single Point of Failure）

指一个系统的一个部分，如果这个部分出现故障了，将会导致整个系统不能工作，即我们常说的“薄弱的环节”。单点故障通常指的是中心化系统的中间人。如果脸书的服务器宕机，人们就无法使用脸书发送消息，因此脸书被认为存在单点故障。在现实世界中，如果两座城市之间的河上只有一座摇摇欲坠的桥，那么这座桥就存在单点故障——如果桥断了，人们就无法在城市之间穿行。去中心化消除了单点故障，使系统更加健壮。

丝路市场（Silk Road）

一个臭名昭著的可用比特币支付的线上违禁品市场，以助长犯罪而闻名。很多人在第一次听说比特币时，也同时获悉丝路市场的存在。

智能合约（Smart Contract）

运行在区块链上的一段代码，它可以根据某些规则转移加密币和代币。例如，一个牌局的智能合约可以从每个玩家那里收取一些币（作为筹码），比较每个玩家在此轮牌局结束时的底牌，然后自动向赢家支付。智能合约是由代码而不是法律体系来管理的，这与普通的合约不同。在以太坊中，智能合约最常被用到。见去中心化应用。

软分叉（Soft Fork）

是对区块链进行向下兼容的升级。区块链暂时被分成两条新链（一条由运行旧版软件的节点使用，另一条由运行新版软件的节点使用），而一旦区块链中的大多数节点（或大多数算力）都部署了新版软件后，暂时分开的链就会合并，从而再次形成一条单独的区块链。软分叉是加密数字货币随着时间的推移而不断改进的方式。加密数字货币经常有一些不太引人注意的软分叉。

简单支付验证（Simplified Payment Verification，SPV）

SPV是简单支付验证的简称。SPV是轻量节点使用的一种验证方式，它可以确保你和其他人的交易都是有效的，而不必下载整个区块链。SPV需要请求完整节点（存储了完整的块链），以确保所有交易都是有效的。虽然SPV比完整节点的安全性稍差，但对于大多数用户来说已经足够了。

稳定币（Stablecoin）

是与美元等主要法定货币的汇率相对稳定的加密数字货币。由Tether公司发行的泰达币（简称USDT）是著名的稳定币，它的交易价格在1枚1美元左右。

隐身地址（Stealth Address）

隐身地址是一种一次性的地址。对于每笔交易来说，门罗币的收款方都会获得一个新的隐身地址。这将向所有人隐藏收款方的真实地址和交易历史。隐身地址是门罗币保护隐私和保持匿名的主要方法之一。见环签名。

证券型代币发行（Security Token Offering，STO）

STO是证券型代币发行的简称。STO是为符合新法规而制定的更易监管的ICO替代方案。为了使欺诈性融资（ICO所面临的一个主要问题）更加困难，监管机构通常会限定STO所能募集的资金总额，并认证投资者的资格。

萨博（Szabo）

是以太坊的一个很小的单位，相当于百万分之一以太（ETH）。该单位以颇具传奇色彩的加密数字货币和区块链研究员尼克·萨博的名字命名。以太坊的燃料（Gas）价格通常以萨博为单位。

缠结（Tangle）

区块链的竞争对手，它不是以连续的串列来存储交易，而是以类似意大利面条（相互缠绕）式的数据结构来存储交易。新交易必须验证两个随机选择的未经验证的交易。在缠结中，没有挖矿（因此没有等待且费用更低），并且许多新的交易可以并行添加。由于这些原因，缠结被认为是物联网（物联网的特点是，需要同时记录许多小型设备的数据）的理想选择。Tangle由创业公司IOTA创建。

测试网（Testnet）

测试网提供了一个测试环境。开发人员可以在测试网模拟区块链的主网，从而测试新开发的区块链App。在测试网中生成的加密币或代币都不值钱。见主网。

DAO事件（The DAO）

The DAO是一个以太坊项目，以创建具有众包、自动化特征的风险投资公司，是创建DAO的著名尝试。人们可以对The DAO进行投资，并对需要投资的项目进行投票——智能合约将确保DAO自动地将资金投向获得最多投票的项目。但是，在2016年，The DAO被黑客攻击了，价值5 000万美元的以太币被盗。除了对以太坊进行硬分叉（以太坊的领导者最终对以太坊进行了硬分叉），没有其他方法可以阻止这次攻击。这突出了DAO的问题：当代码是“法律”时，程序错误和漏洞无法被修复或解决。

代币（Token）

是基于区块链项目（如基于区块链研发的DApp）的一种虚拟物品，代表某些资产的所有权。你可以用代币来代表土地、股票、石油或任何资产。以太坊是最流行的区块链代币平台。代币的应用非常灵活：一些加密数字货币实际上是通过以太坊代币的形式来实现的！见ERC-20标准。

代币化（Tokenization）

创建某种代币以代表一些实际资产。“代币化土地所有权”或“将土地放在区块链上”只是意味着创建代表土地所有权的代币。这些代币大多存在于以太坊区块链上。见ERC-20标准。

每秒处理的交易数量（Transactions Per Second，TPS）

TPS是每秒处理的交易数量的简称。TPS是衡量一个支付网络的处理流量的度量。许多加密数字货币因其较低的TPS而受到批评。较低的TPS意味着，当许多人试图在线转账时，网络会变得拥堵，而拥堵会导致高昂的交易费用和漫长的等待时间。

交易费（Transaction Fee）

指人们在发送加密数字货币时支付给矿工的一小笔费用。每笔交易的交易费并不固定。矿工可以选择要将哪些交易打包在下一个区块中，因此，交易费较高的交易通常被优先选择，并能更快地被添加到区块链中。交易费是矿工的两种收入来源之一，另一种是区块奖励。

图灵完备（Turing-Complete）

指一种编程语言或平台，在给定足够的时间和硬盘空间的情况下，这种编程语言或平台可以计算任何可计算的问题。大多数智能合约平台都是图灵完备的，如以太坊。也就是说，你可以用智能合约进行任何类型的计算。智能合约常常与简单的比特币脚本语言形成对比，后者不是图灵完备的，因此不足以运行各种类型的计算。

交易（Transaction，Txn）

Txn是“交易”的常见简称。

未花费的交易输出（Unspent Transaction Output，UTXO）

UTXO是未花费的交易输出的简称。加密数字货币有点像现金，因为它也有“钞票”和“找零”的概念。在现实世界里，如果你的钱包里有23美元，并不意味着会对应1张面额23美元的钞票，可能的情况是，钱包里有4张5美元的钞票和3张1美元的钞票。当你买1杯4美元的咖啡时，你递给收银员1张5美元的钞票，然后拿回“找零”（1张1美元的钞票）。对于加密数字货币来说，其交易的工作原理与现金类似：你的账户余额是由大量以往交易产生的“找零”组成的，这些“找零”则被称为UTXO。当你向别人付钱的时候，系统会将你账户内的一个或多个UTXO合并起来，以拼凑出大于或等于交易所需的金额，并创建新的UTXO用于支付，“找零”（如果有）也会通过这个新的UTXO返回你的账户。

靓号/虚荣地址（Vanity Address）

是一种具有特殊字符序列的加密数字货币地址。它们并不比普通地址更好或更差，但看起来很酷。它们类似汽车上的定制车牌。例如，互联网档案馆（Internet Archive）的比特币地址是1Archive1n2C579dMsAu3iC6tWzuQJz8dN。

任何人都可以创建无限数量的地址（每个地址都由随机字符组成）。理论上，你只要不停地“掷骰子”，就能够碰巧得到一个符合你要求的字符序列。

波动性（Volatility）

衡量资产价格波动的幅度大小。加密数字货币，尤其是比特币，以其很强的波动性而闻名，这使加密数字货币成为高风险的投资资产，同时也使其成为日常交易中的低效货币。

钱包（Wallet）

是一种用于管理加密数字货币的工具。有些钱包是可以付款或收款的App。还有些钱包是实物（如U盘或纸张），它们只存有加密数字货币“账户”的私钥。钱包也指加密数字货币“账户”本身。

白皮书（Whitepaper）

是由启动新区块链项目或加密数字货币的人发布的文档。白皮书描述了项目的动机、运作方式及独特价值。白皮书的目的是说服人们投资该项目的ICO，因此，你应该把白皮书看作广告，而不是严谨的研究论文。

零知识证明（Zero-Knowledge Proof，ZKP）

一种证明你知道某件事但不用透露这件事是什么的方法。如果有人想知道，你是否是这台笔记本电脑的机主，你不需要告诉他们你的开机密码——你可以通过开机登录系统来证明这台笔记本电脑是你的，而不需要透露任何密码或账户信息。门罗币（Monero）和大零币（Zcash）均使用了“零知识证明”来模糊交易的细节（如付款方和收款方的身份及交易的金额）。

加密数字货币

加密数字货币的世界广大无垠，变化万千，想要跟上知识的更新节奏，做到与时俱进并不轻松：目前，世界上有成千上万种加密数字货币，每种都有自己的特点和目标。在这里，我们将简要介绍一些市值较高（或总流通量较大）的加密数字货币。

在本节中，我们给出了所列加密数字货币的股票代码，以及它的全称。在加密世界中，这些股票代码经常被用作它们所代表的币种简称，通常，你也会在一些图表和金融网站上看到它们。

注意力币（BAT：Basic Attention Token）

一种基于以太坊的代币，用于关注隐私的Brave浏览器。注意力币

（BAT）的目标是，通过向网站提供更多的广告收入并保护互联网用户的隐私，使网络广告变得更加公平。广告主将向互联网用户和互联网内容/服务提供商支付广告费用。你也可以用注意力币来打赏你最喜欢的推特用户。

比特币现金（BCH：Bitcoin Cash）

是一个著名的比特币的硬分叉，它增加了区块的容量。这使得比特币现金（BCH）的交易速度更快，从而减少了交易费和等待时间。

币安币（BNB：Binance Coin）

由流行的加密数字货币交换平台币安（Binance）推广的加密数字货币。如果你使用币安币（BNB）进行支付，币安交易平台将为你的交易费提供折扣，以此来推广该币种。因此，币安币的投资者认为，币安交易平台将越来越受欢迎。Binance Launchpad是币安的区块链资产发行平台，可以让你通过ICO购买代币，而币安币是Launchpad唯一被认可的付款方式

比特币SV（BSV：Bitcoin SV）

是比特币现金的分叉，它本身也是比特币的分叉。比特币SV（BSV）的古怪创造者克雷格·赖特认为，比特币现金与中本聪对比特币的最初设想相距甚远，因此他进行了这一分叉。事实上，比特币SV的实际表现与最初的比特币白皮书中所展示的技术非常相似。

比特币（BTC：Bitcoin）

比特币（BTC）是最早的、最著名的、规模最大的、最重要的加密数字货币。比特币是由中本聪在2008年发明的。对于发明比特币的动机，比特币的粉丝推测，在金融危机爆发后，中本聪对银行系统已经忍无可忍了。

比特币黄金（BTG：Bitcoin Gold）

是比特币的分叉，它使用了ASIC免疫的PoW挖矿算法，这意味着专业的挖矿平台在挖矿中不再拥有巨大的优势。因此，比特币黄金（BTG）的创建者声称，这可以使挖矿变得更加民主。比特币黄金还因在2018年遭受了51%攻击而闻名，攻击者通过双重支付盗取了价值1 800万美元的比特币黄金。

达世币（DASH：Dash）

是一种专注于日常小额支付的加密数字货币。达世币（DASH）的目标是，成为比比特币更适合初学者的币种，并实现比比特币更低的交易费和更快的交易速度。（我们在之前提到过，比特币的交易费相对较高，并且交易速度较慢，因此不适合小额支付。）

狗狗币（DOGE：Dogecoin）

是莱特币的翻版。最初，狗狗币（DOGE）的创建源自与流行的“狗狗”（Doge）表情包相关的玩笑，它的特点包括：很萌的柴犬图标，以及“乐善好施”“打赏小费”等文化属性。众所周知，狗狗币社区为牙买加雪橇队筹集了约2.5万美元，使其参加了2014年冬奥会。

柚子币（EOS）

是以太坊的竞争对手。柚子币（EOS）的创建者声称，柚子币可以提供更快的交易速度和更低的费用。和以太坊一样，用户可以基于柚子币构建DApp和智能合约。

以太经典（ETC：Ethereum Classic）

以太经典（ETC）指老版本的以太币（ETH）。在2016年，以太经典遭受了重大黑客攻击，The DAO的价值5 000万美元的以太币被盗。大多数以太经典的用户决定对以太经典进行硬分叉以挽回损失。在经过硬分叉后，新的加密数字货币被称为以太币。以太经典将继续作为一种单独的货币存在，但以太币的规模已经远远超过了它的兄长以太经典。

以太币（ETH：Ethereum）

以太币（ETH）可能是继比特币之后最著名、最重要的加密数字货币。它提供了智能合约，使开发者可以在以太坊区块链上构建DApp。当每次使用智能合约时，用户都要为智能合约的每个操作支付少量费用（使用以太币进行支付）。以太币可以像普通的加密数字货币一样进行买卖。

LINK币（LINK：Chainlink）

Chainlink是一项专门的服务，被称为“预言机”，它允许智能合约以去中心化的方式访问有关真实世界的数据（天气、股票价格等）。如果某DApp需要获取当前的气温，它可以使用Chainlink来获取数据，而不用依赖AccuWeather这样的中心化服务。用户需要使用LINK币来支付这些信息请求的费用。

莱特币（LTC：Litecoin）

是最早的山寨币。用莱特币（LTC）创建者的话来说：“如果比特币是货币世界的黄金，我们就是白银。”莱特币提供了更快的交易速度、更低的交易费用，以及比比特币更省电的挖矿算法。这种不同的挖矿算法特别有趣。莱特币的支持者说，它使少数掌握强大算力的矿工（如大型矿池）难以垄断矿区。莱特币也被戏称为“穷人”的“比特币”。

埃欧塔币（MIOTA：IOTA）

是一种新型的为物联网设计的加密数字货币，专注于解决机器与机器之间的交易问题。埃欧塔币（IOTA）使用的不是区块链，而是缠结来跟踪交易。缠结是一种类似意大利面条（相互缠绕）式的数据结构，它提供了比区块链更快的交易速度和更低的交易费用。单个埃欧塔币的价格非常低，所以交易都是以百万IOTA为单位的，即MIOTA。

MKR币（MKR：Maker）

Maker是一个类似以太坊的智能合约平台，在其平台上，你可以买卖被称为Dai的稳定币，1Dai与1美元挂钩。这对于创建一家去中心化的银行非常有用，也就是说，人们在抵押或借贷时，不必担心价格的剧烈波动。在Maker平台上，使用MKR币对交易进行支付。

小蚁币（NEO）

是国内首个开源公链项目和智能资产平台，对标以太坊。虽然NEO与以太坊间存在一些技术上的差异，但两者非常相似，因此，NEO也被称为“中国以太坊”。

波场币（TRX：TRON）

波场（TRON）是一家雄心勃勃的密码初创公司，正在建立一个去中心化的内容共享平台。换句话说，它想去掉像谷歌 Play和网飞这样的“中间人”，从而将数字媒体（电影、书籍等）制作者与消费者直接联系起来。TRON建立在IPFS之上，你应该还记得，它允许去中心化的文件共享。波场币（TRX）是一种基于以太坊的代币，用于在TRON上付款，有趣的是，你不能通过挖矿来获得波场币。

泰达币（USDT：Tether）

泰达币（USDT）是最著名的稳定币，它与美元挂钩，1个泰达币可兑换1美元。泰达币基于以太坊区块链，Tether 每发行1个 泰达币，就必须在其账户中增加1美元的储备，以确保泰达币币值的稳定（与美元保持 1∶1 的兑换比例）。Tether还发行了与欧元挂钩的稳定币EURT，1个EURT可兑换1欧元。

新经币（XEM：NEM）

新经济运动（New Economy Movement，NEM）项目可以让用户在区块链上跟踪任何类型的资产（如健康记录、贷款、股票等）。NEM的产品专注于企业用户：银行可以使用NEM来跟踪私有区块链上的贷款和账户余额；政府可以将出生证明等重要文件存储在私有区块链上。除了专注于企业用户，NEM还以其惊人的通用性而闻名，它声称任何App都可以通过使用任意编程语言来集成

NEM区块链。NEM的交易使用新经币（XEM）进行支付。

恒星币（XLM：Stellar）

恒星（Stellar）是一个支付系统，旨在使国家间的转账变得简单、快捷、便宜。在底层，付款方将资金发送至被称为“锚点”（在付款方所在国）的信任实体并兑换为恒星币（XLM），然后发给收款方。收款方则通过可支持所需币种的“锚点”（在收款方所在国）将发给自己的恒星币兑换为法币，从而实现取款。恒星币是瑞波币的一个分叉，两者在技术上有相似之处，但经营瑞波币的是一家以营利为目的的公司，专注于企业和银行用户，而经营恒星币的是一家专注于个人和无银行账户者的非营利组织。

门罗币（XMR：Monero）

是一种专注于保护隐私的加密数字货币，它采用了ASIC免疫的挖矿算法，这使得门罗币成为个体小矿工的良好选择。对于门罗币来说，其交易完全无法追查；付款方和收款方的地址都被隐去；甚至没有人能看到交易的金额。然而，挖矿的匿名性和简单性使门罗币成为黑客的最爱，他们在被黑的网站上植入门罗币的挖矿脚本，使访客的计算机使用所有的算力为其挖矿。

瑞波币（XRP：Ripple）

瑞波（Ripple）构建了一个国际支付网络，旨在帮助人们快速且低成本地在世界各地转移资金。由于当前的支付系统不能很好地进行互操作，高昂的转账费用和长时间的延迟都不令人满意。瑞波提供了一个公共技术层，使支付系统可以轻松交互。在通过瑞波进行支付时，用户可以使用任意币种（如欧元、比特币等），但是瑞波更推荐使用瑞波币（XRP）。瑞波的支付网络并不是基于瑞波币构建的，瑞波的用户不使用瑞波币也没有任何问题。瑞波币只是用户可以通过瑞波进行支付的多种可选币种之一。

XTZ币（XTZ：Tezos）

是一个创建智能合约平台，也是以太坊的竞争对手。Tezos通过ICO筹集了2.3亿美元，但由于其创始人和董事会之间的争斗，导致XTZ币的发布被推迟了数月。这些争斗最终以四宗集体诉讼和对创始人的巨额罚款告终。这表明，加密数字货币并没有看上去的那么去中心化，所有权之争仍然影响着它。

大零币（ZEC：Zcash）

大零币是一种专注于保护隐私的加密数字货币。对于大零币来说，虽然其交易仍然被记录在公有区块链上，但由于使用了“零知识证明”，交易可以在不公开交易细节（如付款方和收款方的身份及交易的金额）的情况下得到验证。